AF333037

PARALLEL WORLDS

MUNDOS PARALELOS

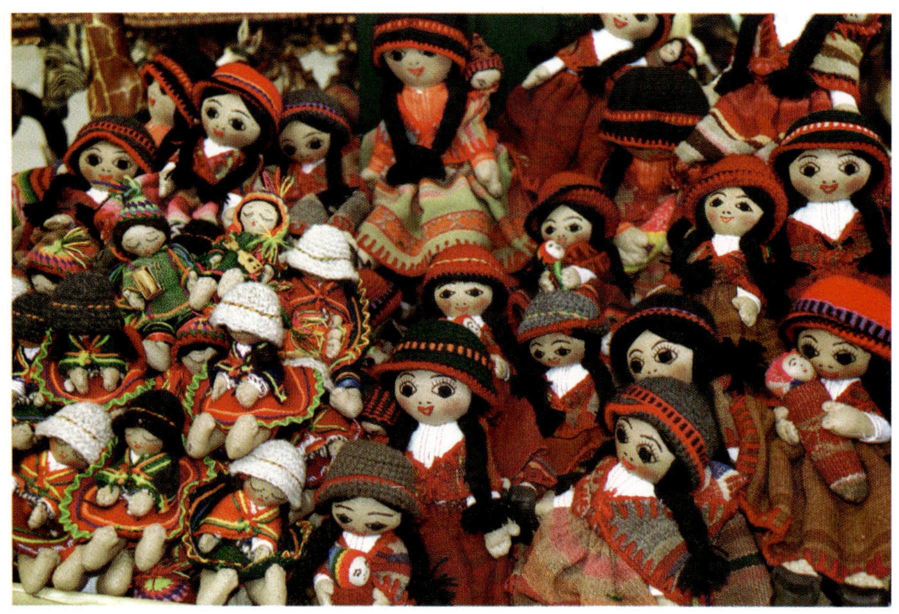

Muñecas de trapo - Mercado Indio - Miraflores - Lima - PERÚ
Rag dolls - Indian market - Miraflores - Lima - PERU

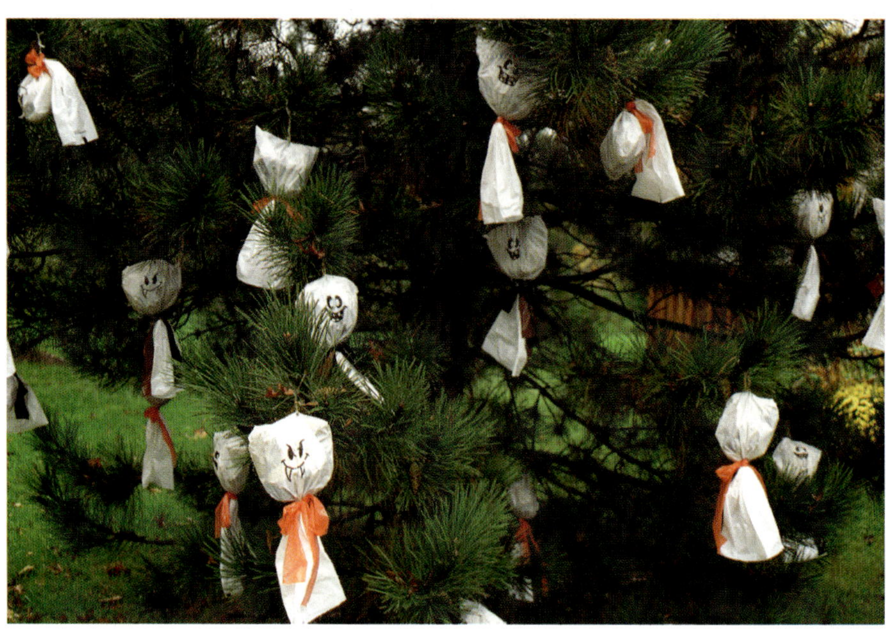

Fantasmas de trapo - Burke – Condado Fairfax - Virginia - EE. UU.
Rag ghosts - Burke – Fairfax County - Virginia - U.S.A.

Ricardo Olea

PARALLEL WORLDS

MUNDOS PARALELOS

BookMasters, Inc

Portada   :   Centro de Lima
                        Lima - PERÚ

                        Centro de Alexandria
                        Virginia - EE.UU.

Contraportada :   Imágenes de EE.UU.
                        Imágenes de Perú

*Cover   :   Lima Downtown
                        Lima - PERU*

*   Alexandria Downtown
                        Virginia - U.S.A.*

*Back page   :   Images from U.S.A.
                        Images from Peru*

Este libro ha sido impreso en papel cuché mate de 170 gramos.

This book has been printed in matt couche paper of 170 grammes.

2005
BookMasters, Inc.
P.O. Box 388
Ashland, OH 44805
(419) 281-1802 Business
(419) 281-6883

AGRADECIMIENTO / *GRATEFULNESS*

La publicación del presente libro ha sido posible gracias a la colaboración de:

This book has been published in collaboration with:

Ricardo Olea Castillo

Leonor Salas de Olea

Fernando Gagluiffi Kolich

Mildrilyn Stephens Davis

Clara Joyuen Pagen

Jean Taylor Federico

Enrique Castillo Castillo

Francine B. Livaditis

Culleen Henderson

Danny Conant

Pearlie Harris

Barbara Southworth

Grace Taylor

Judith Wulff

Coordinación de la edición / *Edition coordination* : Cathy Purdy
Pre-Prensa e impresión / *Pre-Press and impression* : BookMasters, Inc.
Revisión / *Revision* : Fernando Gagliuffi
Traducción / *Translation* : Alicia Alberti
Diseño y fotografías / *Design and photography* : Ricardo Olea

ISBN 0-9773416-0-7

Impreso en EE.UU. / Printed in U.S.A.

Dedicado a mis padres Coca y Ricardo

Dedicated to my parents Coca and Ricardo

MUNDOS PARALELOS

Perú, mi país y mi mundo, fue escenario de antiguas civilizaciones que con más de 6,000 años de historia enriquecen la cultura del mundo. Hans Baumann en su libro «Oro y dioses del Perú» escribió sobre el arte rupestre encontrado en cuevas de territorios del Sur: «**... las cuevas de Toquepala constituyen un claro testimonio de la presencia temprana del hombre en territorio peruano, puesto que éstas fueron trajinadas hace unos 10,000 años ...**». El Perú moderno ha encontrado muchos obstáculos para su progreso y prosperidad, pero lucha día a día por un futuro mejor. Su presente es incierto, expectante, y su futuro es observado con interés por la comunidad internacional. La educación, la identidad del país, las ciudades y sus instituciones son el reflejo de su situación actual, y tiene sus mayores riquezas en su cultura milenaria y su gente. El analfabetismo llega al 11.3% según censos de 1995.

El laureado escritor Alfredo Bryce Echenique en su artículo «Un agudo repaso al Perú completo» escribió: **«... Sabido es que, de toda América del Sur, el Perú ha sido siempre el país más complejo, el más difícil de entender y de manejar hasta para sus propios dirigentes. Su inmensa, su ardua y muy compleja variedad geográfica y su profunda diversidad étnico-cultural y lingüística han hecho sumamente difícil su articulación e integración, hasta el punto de que Jorge Basadre, el más importante historiador del Perú republicano, lo calificó en una oportunidad de 'territorio de desconcertadas gentes', refiriéndose entre otras cosas al poco o nulo conocimiento que un hombre de la costa suele tener del hombre y el mundo andinos y ambos, a su vez, de todo lo que concierne al Perú amazónico. Hoy, el Perú asiste a un largo y profundo proceso de cambio de aquellas arcaicas e insostenibles estructuras que alguna vez permitieron que se hablara de una república aristocrática, costeña y moderna, y de una república andina, rural, homogénea y silenciosa. La masiva y constante migración del campo a la ciudad no sólo ha alterado radicalmente los esquemas con los que durante años se trabajó sino que, en pocas décadas, ha invertido las cifras de los habitantes rurales y urbanos, pasando éstos de un 20% de la población del país a un 80%. Así, se ha hablado incluso de una peruanización de un Perú excluyente en sus instituciones de grandes mayorías silenciosas que, con desorden y sorprendente movilidad social, están forjando la nueva imagen y el verdadero rostro del país. El patrimonio cultural del Perú, desde aquel origen prehispánico hasta el de su deliciosa y variadísima cocina, pasando por las artes plásticas, la música, los textiles o la literatura, no han cesado de sorprender al mundo. De todo ello -y mucho más- ... tendrá sin duda alguna la oportunidad de acercarse a la totalidad de un país tan rico y pleno como desafiante y cautivante ...».**

La República del Perú es un estado presidencialista que se ubica en el centro-oeste de América del Sur. Su territorio tiene una superficie de 1'285,216.60 km², es el tercer país más extenso de Sudamérica. Limita al Norte con Ecuador y Colombia, al Este con Brasil y Bolivia, al Sur con Chile, y al Oeste con el Océano Pacífico. Su población es de 25'232,000 habitantes (1999). La capital es Lima. La división administrativa es en 24 departamentos y 01 provincia constitucional. Su moneda es el Nuevo Sol. Sus idiomas oficiales son el español y el quechua, pero existen 38 lenguas indígenas. En un fragmento de 'Haray Arawi', poema recogido por el cronista español Huamán Poma de Ayala en el siglo XVI, se muestra el manejo lingüístico en quechua: «**... Chay asiy ñawiykita yuyarispa utupuni. Chay pukllay ñawiykita yuyarispa unquyman chayari ...**». Su traducción al castellano: «**... Tus ojos negros recordando enloquezco. Tus risueños ojos recordando llego a la postración ...**».

La cordillera de los Andes, que atraviesa el país de Norte a Sur, establece tres regiones bien diferenciadas: la Costa, la Sierra, y la Selva. La Costa, entre el Océano Pacífico y los Andes, está constituida por tierras bajas con algunos oasis fluviales, zona seca y desértica. La Sierra está formada por gran parte del sistema montañoso de los Andes, que a su vez comprende las Cordilleras Oriental, Central y Occidental. Su máxima altura la alcanza la cima del Nevado Huascarán con 6768 m.s.n.m. En el Sur destaca la cuenca fluvial del Titicaca, un gigantesco lago navegable, el más alto del mundo, ubicado sobre 3815 metros de altitud, que está compartido con Bolivia. La región selvática es exuberante y virgen, exótica e inconmensurable, abarca todo el Este del país, la mitad del territorio peruano, es un inmenso llano forestal bañado por el río Amazonas, el más extenso, caudaloso, ancho y profundo del mundo.

PARALLEL WORLDS

Peru, my country and my world, was a scenery of ancient civilizations that with more than 6,000 years enriches world culture. Hans Baumann in his book «Gold and Peruvian gods» wrote about rupestrian art found inside caves of southern Peruvian territories: «... **Toquepala caves are a clear testimony of the early presence of man in Peruvian territories, although they were painted 10,000 years ago ...»***. Modern Peru has found some obstacles for progress, prosperity, and fights day by day for a better future. Present time is uncertain, expectant and future time is observed with interest by the International Community. Education, national identity, cities and institutions are the reflection of its situation. It has the greatest riches in both millenary culture and people. Illiteracy is under 11.3% according to 1995 census.*

Laureate writer Alfredo Bryce Echenique in his article «An Acute Review of Entire Peru» wrote: **«... We know that of all South America, Peru has always been the most complex country, the most difficult to understand and to handle for their authorities. Its huge and complex geographic variety and its deep ethnic-cultural and linguistic diversity have made extremely difficult its articulation and integration; in an opportunity, Jorge Basadre, the most important historian of Peruvian Republic times, defined it as a 'territory of disorderly people', talking about the null or little knowledge that coast man have about both, Andean man and the world, and also about Peruvian Amazon. Today, Peru assists to a long and deep process of change of archaic and indefensible structures that once let to talk about an aristocratic republic, coastal and modern, and about an Andean republic, rural, homogeneous and silent. Mass of people and constant migration from the country to the city not only has changed radically the plans that for years worked with, in a few decades, but has inverted ciphers of rural and urban habitants, from 20% to 80% of total population. So, we are talking about a peruanization of an excluded Peru in their institutions of great silent majority that with disorder and surprising social mobility are framing a new image and the true face of Peru. Since Pre-Hispanic origin until its delicious and various food, including plastic arts, music, textiles or literature, Peruvian cultural patrimony hasn't ceased to surprise the world. For these reasons, Peru will have the opportunity to be close to the totality of a country that is as rich and full as challengeable and captivating ...»***.

The Republic of Peru is a democratic state located in the central-western part of South America. It has a surface of 1'285,216.60 km², which means it's the third most extensive country in South America. It limits with Equator and Colombia to the North, with Brazil and Bolivia to the East, with Chile to the South, and with Pacific Ocean to the West. The population is about 25'232,000 inhabitants (1999). Lima is the capitol of the nation. It's divided in 24 Departments and 01 Constitutional Province: Callao (City and main Port). The 'New Sol' is the currency. Spanish and Quechua are the official languages, but there are other 38 native languages. In a fragment of 'Haray Arawi', poem gathered by the Spanish chronicler Huaman Poma de Ayala in XVI Century, it shows Quechua linguistic use: «... **Chay asiy ñawiykita yuyarispa utupuni. Chay pukllay ñawiykita yuyarispa unquyman chayari ...»***. Translation to English:* **«... Remembering your black eyes I become mad. Remembering your smiling eyes I become prostrated ...»***.

The Andes Mountains, that crosses from North to South over the country, determines three different regions: the Coast, the Sierra and the Jungle. The Coast, between the Pacific Ocean and the Andes Mountains, is constituted by low lands with some fluvial oasis, it's a dry and desert region. The Sierra is formed by the complicated Andes Mountains, which is divided in Oriental, Central, and Occidental Mountain Ranges; the highest peak is the Huascaran Mountain with 6,768 meters of altitude; the Titicaca Lake is in the South part of the country, it is a huge navigable lake, the most highest in the world, it's located over 3,815 meters of altitude, it's shared with Bolivia. The Jungle is exuberant and virgin, exotic and incommensurable, it includes the entire East of Peru, half of Peruvian territory; it's a huge forest plain watered by the Amazon River, the longest, the most torrential, the widest and the deepest of the world.

MOSAICO DE IMÁGENES DE PERÚ
IMAGES MOSAIC FROM PERU

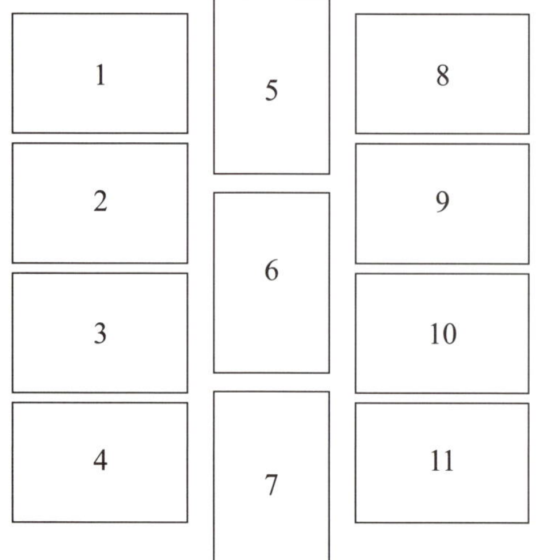

Perú en imágenes

Peru in images

1. Máscaras - Mercado Indio - Miraflores - Lima
   Masks - Indian Market - Miraflores - Lima
2. Piedra de los doce ángulos
   Antiguo muro de palacio Inca Roca - Cuzco
   Stone of twelve angles
   Antique Inca Roca Palace Wall - Cuzco
3. Tres orquídeas - Parque Reducto - Miraflores - Lima
   Three orchids - Reducto Park - Miraflores - Lima
4. Iglesia San Francisco - Barroca - 1673
   Constructor Constantino de Vasconcellos - Lima
   San Francisco Church - Rococo style - 1673
   Constructor Constantino Vanconcellos - Lima
5. Hombre de los Andes en traje tradicional - Cuzco
   Andean man in traditional costume - Cuzco
6. Chullpas de Sillustani - Piedra volcánica
   Altitud: 3910 msnm - Sillustani - Puno
   Sillustani chullpas - Volcanic stone
   Altitude: 3910 meters - Sillustani - Puno
7. Guacamayo verdirrojo de la Amazonía
   Ara chloroptera - Jallpa Nina - Lurín
   Amazon green-red macaw
   Ara chloroptera - Jallpa Nina - Lurin
8. Nevado Huantsan - h = 5632 m. - Quebrada Uquian
   Los Andes - Áncash
   Huantsan mountain - h = 18472 Ft. - Uquian Ravine
   Los Andes - Ancash
9. Calle Sevilla - Monasterio de Santa Catalina - Arequipa
   Sevilla Street - Santa Catalina Convent - Arequipa
10. Mujeres de Taquile - Isla Taquile - Lago Titicaca - Puno
    Taquilean women - Taquile Island - Titicaca Lake - Puno
11. Ciudadela de barro Chan Chan - Antiguo Estado Chimú
    Trujillo - La Libertad
    Chan Chan Mud City - Ancient Chimu State
    Trujillo - La Libertad

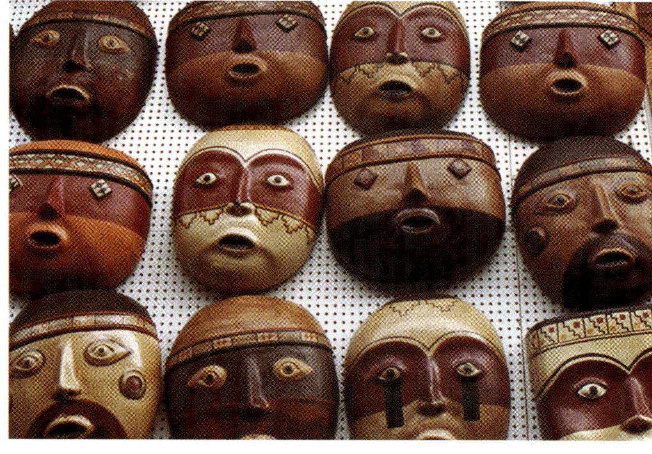

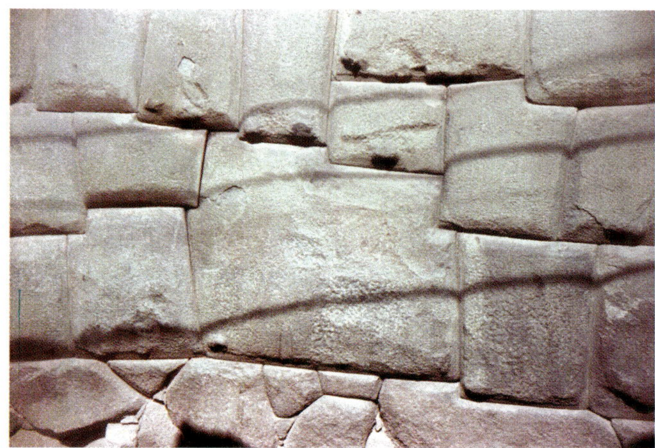

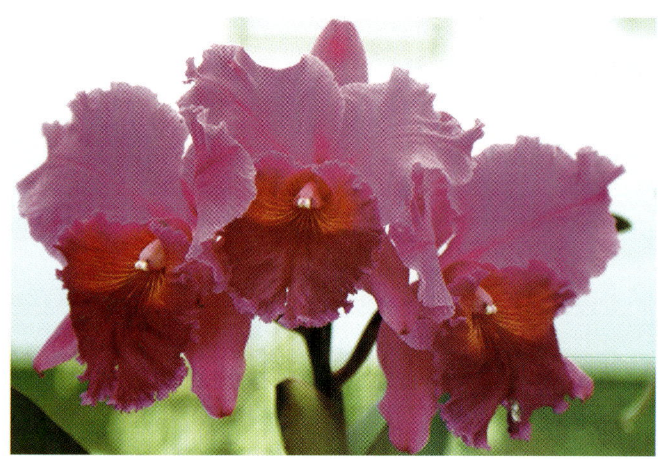

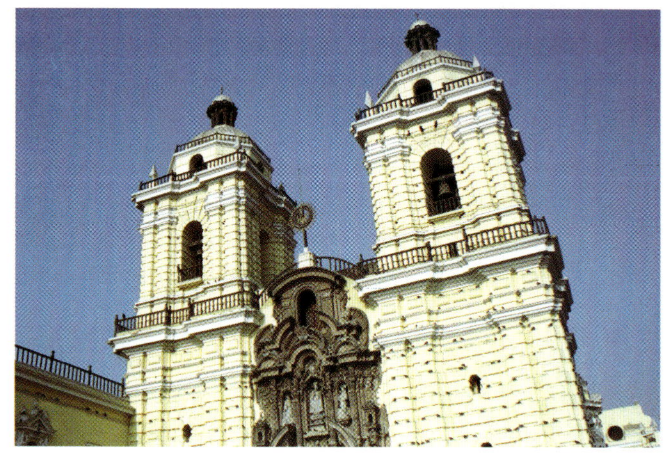

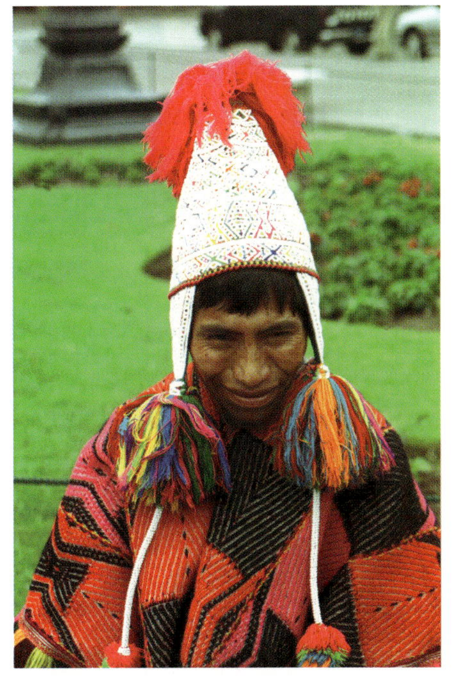

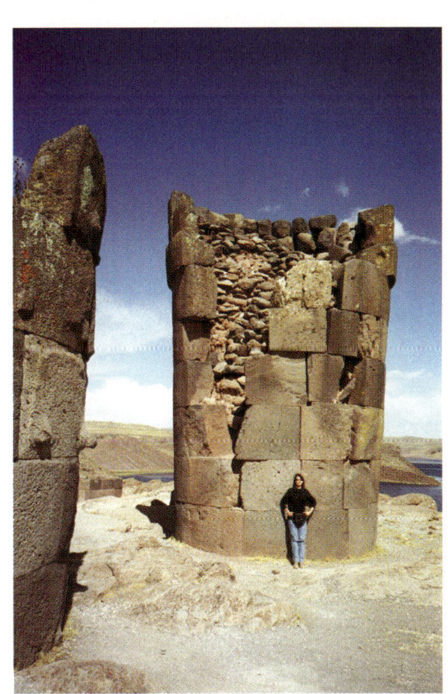

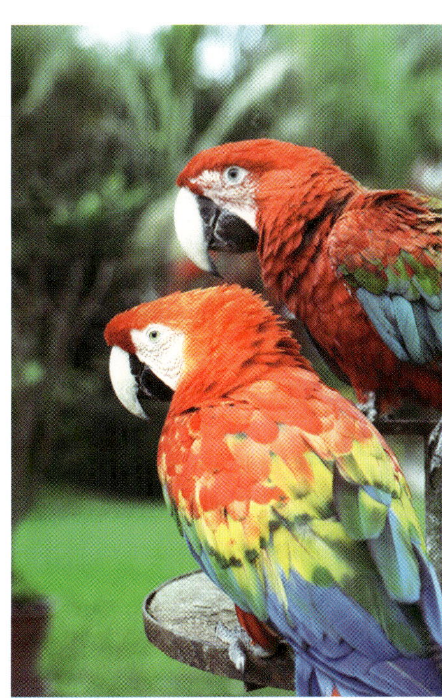

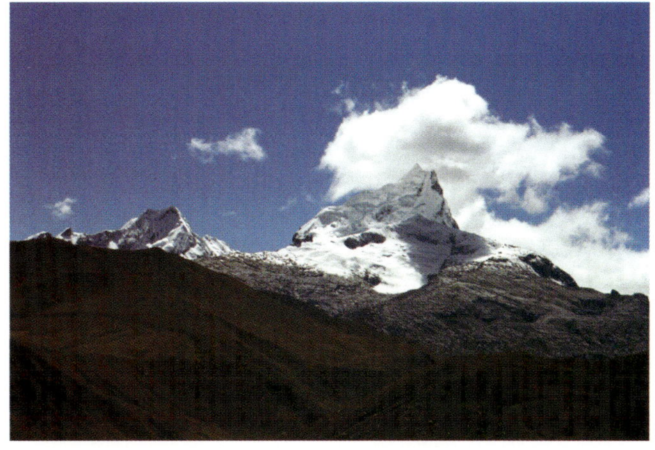

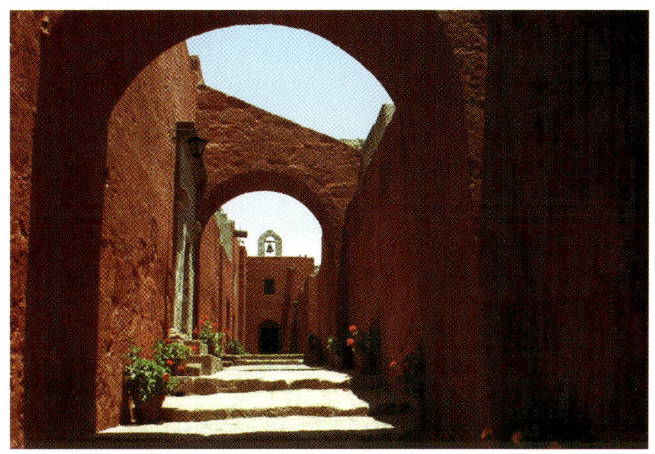

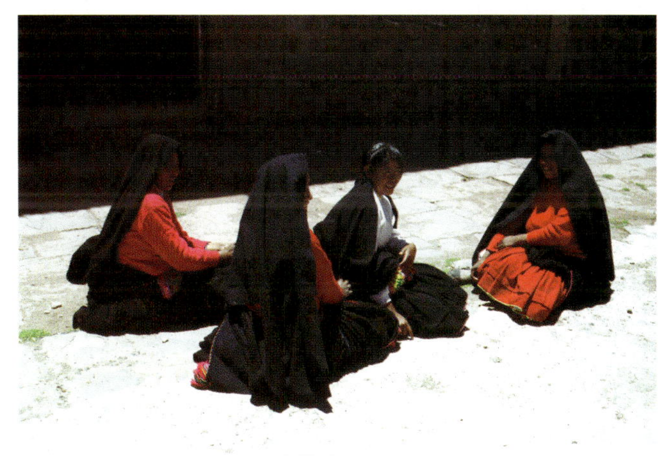

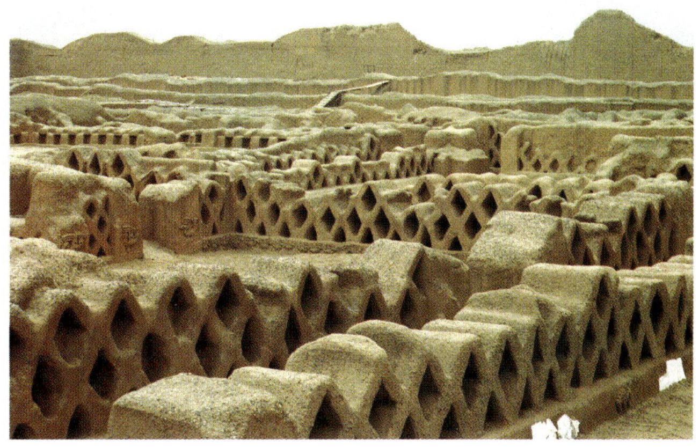

Su relieve es accidentado y posee una variada y rica geografía, donde se hallan casi la totalidad de los accidentes geográficos conocidos. El geógrafo Javier Pulgar Vidal la clasificó en 96 diferentes zonas de vida natural. La sorprendente diversidad de sus regiones determinan cerca de cien climas distintos, de tal manera que presenta el 81.6% de los ecosistemas del planeta.

País minero por excelencia, gran parte de su economía depende de esta actividad. Es un país centralista, pues la industria, la infraestructura y los servicios se concentran en Lima. Perú es uno de los focos de atracción cultural más importantes del planeta. Lima, Cuzco y Arequipa son ciudades declaradas Patrimonio Cultural de la Humanidad, además cuatro importantes centros arqueológicos están incluidos en esta categoría, y son objeto de programas de recuperación. Es el primer país folklórico de América. El escritor José María Arguedas hablaba del 'Baile la Diablada' así: **«... bailan como pájaros, como demonios y ángeles en el campo y ante el regocijo del sol ...»**.

La riqueza natural y la diversidad de sus ecosistemas constituyen un patrimonio invalorable, se contemplan 49 Áreas Naturales Protegidas, equivalentes al 10% de la superficie del país, tres de ellas declaradas por la UNESCO Patrimonio Natural y Cultural de la Humanidad; áreas que son uno de los pocos pulmones del planeta que hasta ahora se han podido mantener intactos. Perú esconde en sus entrañas bellos paisajes, colores, fauna, flora, y gente nativa única en el mundo. Extrañas costumbres, gente auténtica, ancestrales tradiciones, coloridas y autóctonas vestimentas, arquitectura milenaria que nos transporta a un mundo donde la naturaleza, ecología, la historia y la aventura son sus emblemas.

El Perú fue escenario de importantes civilizaciones pre-colombinas como Chavín, Moche, Nazca, Chimú, Paracas y Tiahuanaco de impresionante desarrollo en arquitectura y agricultura, en el arte textil, cerámica y metalurgia, en astronomía, medicina e ingeniería hidráulica. Éstas se desarrollaron aproximadamente desde el cuarto milenio a.C. hasta el primer milenio de nuestra era, en que son absorbidas por un nuevo estado guerrero, el imperio de los Incas, centralizado en torno al Cuzco. Los cuantiosos sitios arqueológicos pre-colombinos nos hablan del pasado de esplendor y su presencia en estas tierras.

La conquista española se produjo hacia 1524. La época de la colonia se prolongó por tres siglos, tiempo en que se asimiló la cultura y costumbres europeas, muestra de ello es su arquitectura de influencia europea y en especial morisca. El Perú se constituyó en el más grande de los virreinatos españoles en América. En 1821 se independiza de España. Su historia republicana es convulsionada y propicia para el surgimiento de destacados personajes. Escritores y pensadores han marcado momentos claves de ese proceso. Un peruano ilustre es Javier Pérez de Cuellar, ex-secretario general de las Naciones Unidas. El escritor Antonio Cisneros nos dice: **«... El Perú es, tal vez, el país más antiguo de las Américas. Su historia es una larga sucesión, dramática y gloriosa, de tribus, cofradías y reinos que culminan, antes de la llegada de los europeos, en el gran Imperio de los Incas. A partir del siglo XVI se convierte en el Virreinato español más importante de América del Sur y a comienzos del XIX se establece como república independiente. Todas las épocas y las sangres han dejado su huella en este país plural y acogedor, integrado en sus diferencias, orgulloso de su milenaria identidad ...»**.

La imagen que el mundo tiene sobre Estados Unidos es del país más poderoso. Deja sentir su condición de tal en cada una de sus ciudades, grandes extensiones de concreto con altos edificios que alberga una población multirracial educada. En «The City of New York City» aparece: **«... una metrópoli, magníficamente compuesta de edificios altos, puentes expansivos y calles estrechas. Un crisol de culturas e ideas distintas. Y un paisaje nocturno espléndido ...»**. Hay 3% de analfabetismo según censos de 1996. Bellas áreas verdes e interminables bosques son parte de su paisaje urbano. Un intrincado sistema vial, perfecto y eficiente, está conectado al resto del país. Tiene toda la infraestructura urbana y servicios solucionados para su normal funcionamiento. Todos trabajan para su país, prima el patriotismo, el espíritu de lucha y la tolerancia.

Estados Unidos de América es un estado republicano federal, cuyo territorio ocupa toda la parte central de América del Norte. Limita con Canadá, Méjico y los océanos Atlántico y Pacífico; aunque geográficamente separadas, incluye Alaska, y las islas Hawaii. Tiene una superficie de 9'372,614 km², lo que lo convierte en el cuarto país más extenso del planeta. Tiene una población aproximada de 274'028,000 habitantes (1998). Su

Peruvian relief is hilly and has a varied and rich geography. It has almost the totality of known geographical hills and valleys. The geographer Javier Pulgar Vidal classified 96 different zones of natural life. Surprising diversity of regions determinates almost one hundred different climates, and presents 81.6% eco-systems of the planet.

*Peru is a miner country, most of economy depends on this activity. It's a centralist country since industry, substructure and services are centered in Lima and the most important cities. Peru is one of the most important cultural focus in the planet. Lima, Cuzco, and Arequipa cities were declared World Heritage by UNESCO, moreover, there are four important archaeological sites included in this category, they are object of recovering programs. It is the first Latin-American Country in folk-lore. Writer Jose Maria Arguedas talked about the 'Diablada Dance': «**... they dance like birds, like demons and angels on the field and in front of sun joy ...**».*

Peruvian natural riches and diversity of eco-systems constitute a valuable national patrimony. There are 49 Protected Natural Areas, 10% of Peruvian surface, three of them were declared Natural World Heritage by UNESCO, they are one of the planet lungs that are still intact. Peru hides in its entrails beautiful landscapes, colors and flora, fauna and customs, authentic people, ancient traditions, millenary architecture that transport us to a world where nature, ecology, history and adventure are the emblems.

Peru was the scenery of important Pre-Columbus Civilizations such as Chavin, Moche, Nazca, Chimu, Paracas and Tiahuanaco that had an impressive development in architecture and agriculture, in textile, ceramic and metallurgical arts, astronomy, medicine and hydraulic engineering. All of them developed between the fourth millennium B.C. until the first millennium of our Era, when they were absorbed by a new warrior state, the Incas Empire, that it was centered in Cuzco. Numerous Pre-Columbus archaeological sites tell us about past times of splendor and its presence in these lands.

*Spanish Conquest was in 1524. Colony Times prolonged for three centuries; in this period, European culture and customs were assimilated, an example of this is the architecture of Spanish and Moresque influence. Peru became the most important Spanish Viceroy ship in America. The independence of Spain was in 1821. Republican history was time of convulsion, it was propitious for appearance of personages; writers and thinkers marked special moments of that process, Javier Perez de Cuellar, United Nations ex-General Secretary, is an illustrious Peruvian. The writer Antonio Cisneros tell us: «**... Perhaps, Peru is the most antique country in all America. Its history is a long succession, dramatic and glorious, of tribes, confraternities and reigns that finishes in the great Incas Empire; before European arrived. Since XVI Century it becomes the most important Spanish Viceroy ship in South America, at the beginning of XIX Century is established as an independent republic. All epochs and bloods have made an impression in this plural and nice country, which is integrated in its differences and proud of its millenary identity ...**».*

*The most powerful country is the image the world has about U.S.A. It is possible to feel it in each city, huge extensions of concrete with high buildings that lodges a multiracial population, educated people. In «The City of New York City» appears: «**... a metropolis, magnificently composted by high buildings, expansive bridges and narrow streets. A crucible of cultures and different ideas. A splendid nocturnal landscape ...**». Illiteracy is under 3% according to 1996 census. Beautiful, both green areas and interminable forests are a part of its urban landscape. An intricate road system, perfect and efficient, is connected to the rest of the country. Urban substructure and services are solved for a normal operation. Everybody work for the country, there is patriotism, struggle and tolerance.*

*United States of America is a federal state, its territory occupies all the central part of North America Continent. Its limits with Canada, Mexico, Atlantic and Pacific Ocean, though geographically separated, it includes Alaska and the Hawaiian Islands. It has a surface of 9'372,614 km², which means the fourth extensive country in the entire planet. The population is about 274'028,000 inhabitants (1998). It is divided in 50 Administrative States. Washington D.C. is the capital of the nation. I. B. Prince described it: «**... from its beginning in 1800 as the**

división administrativa es de 50 estados. Su capital es la ciudad de Washington D.C. I. B. Prince la describiría así: **«... Desde su inicio en el año 1800 como capital de nuestra nación, Washington ha crecido para ser una de las más bellas e importantes del mundo. Todo se inició en 1791 cuando el presidente George Washington seleccionó el lugar y el hombre que se encargaría de planear la nueva capital de Estados Unidos. Un año después, el diseño del parisino Pierre Charles L'Enfant para la ciudad capital, quien tomó como modelo los espléndidos espacios de Versalles, estaba acabado. El crecimiento de Washington fue lento y no fue hasta 1800 que el gobierno finalmente se trasladó aquí desde Filadelfia ...».** Su idioma oficial es el inglés. Su moneda el Dólar USA.

En su relieve se distinguen, de Este a Oeste, tres grandes zonas longitudinales: región de los Apalaches, mesetas y cadenas de montañas que limita con la llanura costera del Atlántico; la región central, presenta praderas hacia la zona de los grandes lagos del Norte, llanuras secas y sedimentarias, es la región conquistada por los colonos y pioneros agricultores a fines del siglo XIX, la cual tantas veces se ha evocado en brillantes páginas de la literatura y el cine; región occidental o la Cordillera, enmarañado conjunto de altiplanicies enmarcadas por altas cadenas de montañas, paralelas al Pacífico, que alberga las Montañas Rocosas y el punto más alto en el monte Mc Kingley, 6194 metros de altitud, la costa pacífica es alta y de difícil acceso.

Presenta gran complejidad del clima debido a su gran extensión, variado relieve y desigual influencia oceánica. Gracias a la riqueza del suelo y a la variedad del clima, es el primer país agrícola del mundo. De igual manera es la primera potencia industrial. El 31.6% de su superficie es ocupada por bosques.

La conquista inglesa y la colonización de este país se inicia hacia 1620. En 1776 se independiza de Inglaterra. En la Encyclopædia Britannica aparece: **«... la política opresiva de Inglaterra en las colonias, especialmente en materia de impuestos, dio origen al movimiento emancipador. Poco más de un año después de iniciada la lucha se reunió en Filadelfia, Pensilvania, en 1776, el Congreso Continental, que proclamó la independencia de las 13 colonias ...».** W. M. Jackson escribe: **«... ayudadas por Francia, se sublevaron las colonias inglesas contra la metrópoli, hasta que, al cabo de siete años de lucha, obligaron a Inglaterra a reconocerle la independencia, y como resultado se constituyó una nueva nación ...».** Ha celebrado su aniversario número 226. Dado su potencia militar, su participación en las dos guerras mundiales fue decisiva.

Es cuna de grandes pensadores, científicos, políticos, literatos y artistas en general. Un aporte incalculable al mundo. EE.UU. es un auténtico mosaico de razas, producto de las grandes migraciones provenientes de todo el mundo. En un artículo sobre la ciudad de Nueva York aparece este poema: **«... Denme a sus cansadas, pobres y amontonadas masas que anhelan respirar con libertad, el desecho desdichado de su atestada costa, envíenme a éstas, la tormenta desesperanzada arrojada hacia mi, yo elevo mi antorcha, junto a la puerta dorada ...».** Esta fuerte mezcla racial y el origen esclavista de los afro-americanos da lugar a graves problemas raciales. Son escasos los restos artísticos y vestigios de las culturas pre-colombinas. Al respecto en un libro publicado por W. M. Jackson nos describe: **«... al sur de las montañas Rocosas, en los actuales estados de Texas, Nuevo México y Arizona, vivían tribus de indios guerreros, muy fieros y sanguinarios, que vivían de la caza y la pesca, eran los apaches, muy temidos por sus vecinos ...».**

«Mundos Paralelos» presenta en imágenes inéditas estos dos países que pertenecen al mismo continente americano, ambos son provenientes de conquistas, pero que han seguido a lo largo de su historia caminos totalmente opuestos. Estados Unidos se asienta en un territorio con un incipiente desarrollo cultural, y su historia es una constante lucha por dominar tan extenso territorio. La razón de la conquista fue el nuevo territorio donde vivir y tierras de cultivo para trabajar. Los colonos fueron a la conquista del inmenso país, ellos edificaron EE.UU. Fue un viaje y aventura sin retorno al país de las oportunidades. Sobre esto W. M. Jackson escribió: **«... si en un principio eran más celosos de la libertad de sus estados que de la fuerza de la nación, se convencieron entonces de la importancia que tenía la unión entre todos ellos, como garantía de la mutua prosperidad y pujanza. Al terminar la guerra, los estados eran ya dieciocho, y antes de diez años fueron seis más. El movimiento de penetración hacia el Oeste se acrecentó. Se talaron bosques y construyeron granjas, surgiendo ciudades como por verdadero arte de magia ...»,** él también nos menciona que **«... los colonos procedentes de Gran Bretaña se trasladaban a América para establecerse ahí definitivamente; construían viviendas, cultivaban la tierra, se dedicaban a diferentes industrias, se regían por leyes y costumbres propias y**

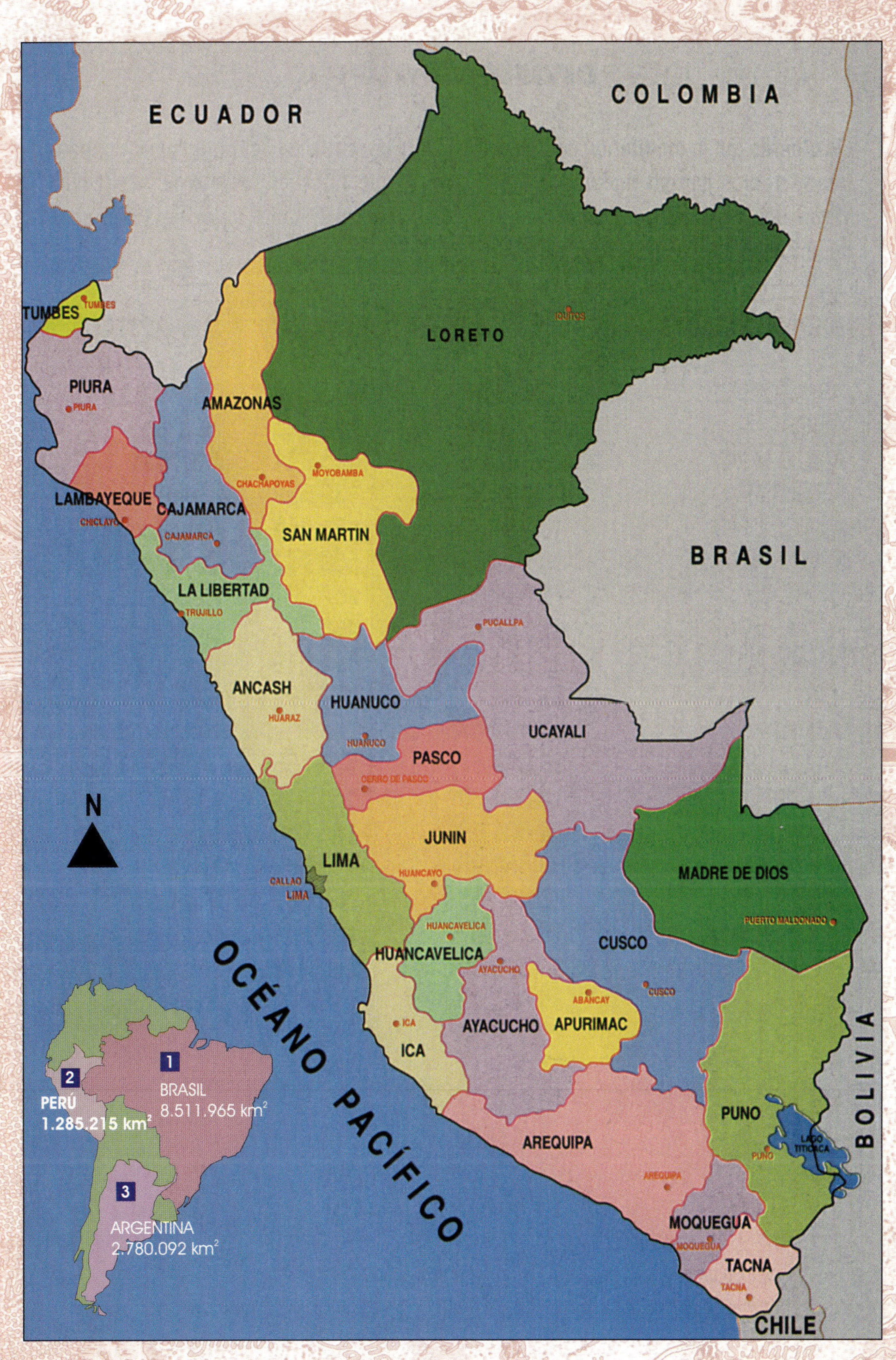

Mapa del PERÚ / *Map of PERU*

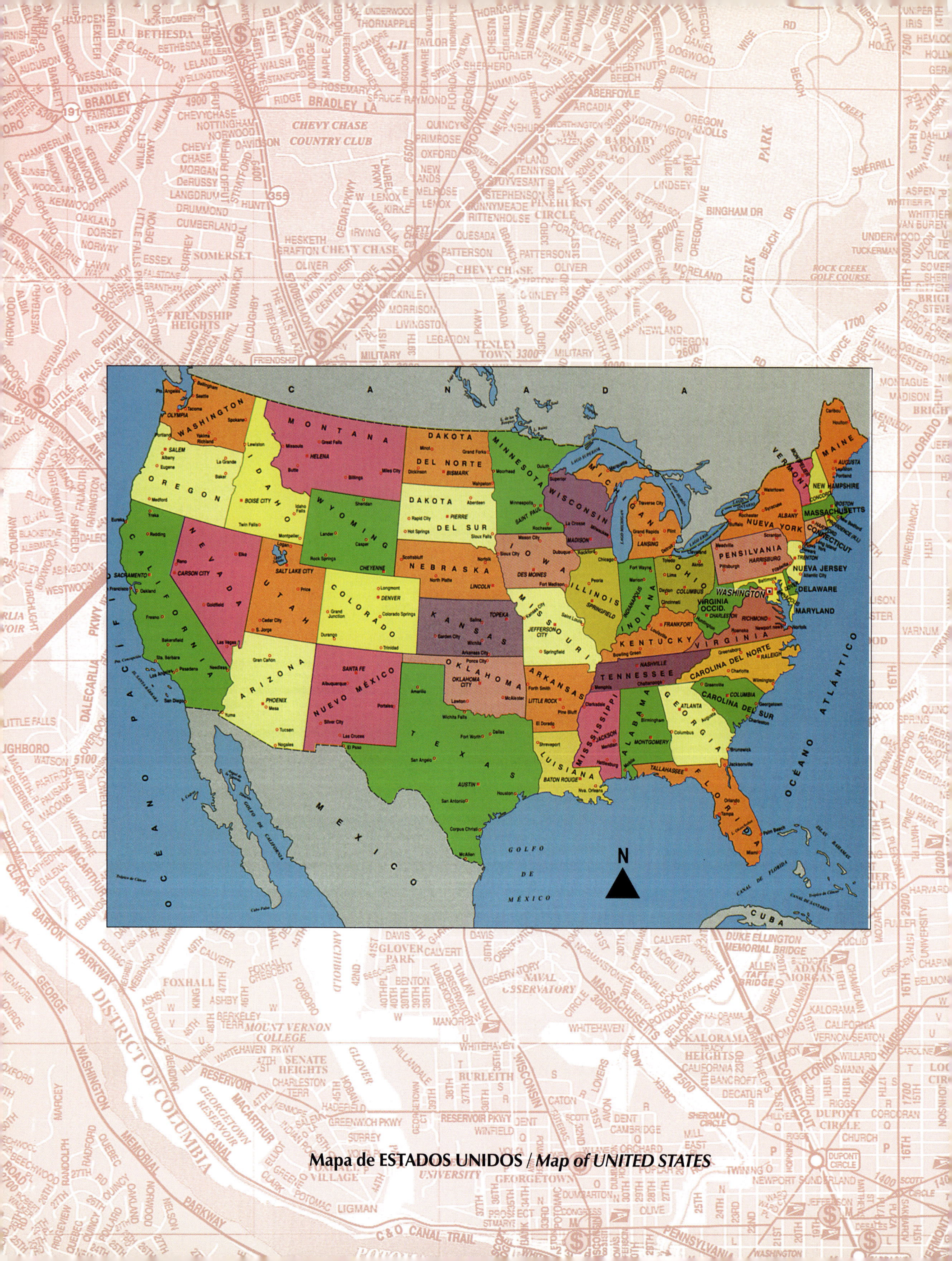

Mapa de ESTADOS UNIDOS / *Map of UNITED STATES*

Capital of our Nation, Washington has grown to be one of the most beautiful and outstanding capitals in the world. It began in 1791 when President George Washington selected the site and the man he wanted to plan the new U.S. Capital. A year later, Paris-born Pierre Charles L'Enfant's sweeping design for the Capital City, patterned in part on the splendid expanses of Versailles, was completed. The growth of Washington was slow, and it was not until 1800 that the government finally moved here from Philadelphia ...». English is the official language. 'Dollar USA' is the currency.

Geographically, East to West, there are three huge longitudinal zones: Apalaches Region, where plateaus and chains of mountains limit with coastal plain of the Atlantic Ocean; the Central Region, presents prairies towards North Lakes, dry and sedimentary plains; it is the region conquered by colonists and farmer pioneers at the end of XIX Century, that was so many times evoked in brilliant pages of literature and films; The Occidental Region or Mountain Range Region, is an entangle whole of plateaus that present high chains of mountains, it is parallel to the Pacific Ocean, Rock Mountains are there, Mc Kingley Mountain has 6,194 meters of altitude, it is the highest in U.S.A. The Pacific Coast is high and hard to access to.

Complex climate is consequence of a large territory, a variant geography and unequal oceanic influence. Thanks to its rich ground and variable climate, U.S.A. is the first agricultural country in the world. As well as the first industrial one. 31.6% of the surface is occupied by forests.

The English conquest and colonization began in 1620. The independence from England was in 1776. In the *Encyclopædia Britannica* appears: *«... oppressive politics of England in colonies, specially in taxes, caused emancipating movement. In 1776, after more than one year of fighting, the Continental Congress assembled in Philadelphia-Pensilvania to proclaim independence of 13 colonies ...».* W. M. Jackson wrote: *«... helped by France, English Colonies rebelled against metropolis, after seven years of fighting, they obliged England to recognize independence, as a result of this, a new nation was constituted ...».* U.S.A. has celebrated its 226 anniversary. Participations in two World Wars were decisive for triumph because of its military power.

Important thinkers, scientists, politicians, writers, and artists in general were born in U.S.A., so there is an incalculable contribution to the world. U.S.A. is an authentic mosaic of races, consequence of constant migration of people from around the world. In an article about New York City appears this poem: *«... Give me to its tired, pour and accumulated mass of people that yearn to breathe freedom, the misery reject of its crammed coast, send me to this, the despaired storm thrown to me, I lift my torch, next to the Golden Gate ...».* This racial mixture and the slavery origin of the African-American people produces serious races problems. There are limited artistic reminders and vestiges of Pre-Columbus Civilizations. About this, in a book published by W. M. Jackson describes: *«... to the south of Rock Mountains, in present Texas, New Mexico and Arizona States, there were tribes of Indian warriors, so wild and bloodthirsty, that lived of hunting and fishing, they were Apaches, feared by neighbors ...».*

«Parallel Worlds» shows in unedited images these two countries that belong the same American Continent, both of them were conquests, but have totally followed opposite ways along history. U.S.A. occupied a territory without any previous important development, its history is a constant struggle to dominate the extensive territory. The reason of the U.S. conquest was a new territory where to live, and new lands to work in. Colonists wanted to conquer the entire country; they built U.S.A. It was a journey and an adventure without return, a journey to the country of opportunities. About this W. M. Jackson wrote: *«... if at the beginning they were more zealous for states freedom than nation power, then they realized the importance of unity between them, as a warranty of their own prosperity and strength. At the end of war, there were eighteen states, and ten years later there were six more of them. Penetration movement to the West increased. Forests were falling and farms were built, cities emerged like real magic art ...»,* also he said that *«... colonists from England moved to America to settle there; they built houses, they cultivated lands, they were dedicated to different industries. They governed their laws and customs, and they could marry women from their country, since a numerous English women emigrated to America ...».* Now it's the richest country in the world. It has

<table>
<tr><td>1</td><td rowspan="2">5</td><td>8</td></tr>
<tr><td>2</td><td>9</td></tr>
<tr><td>3</td><td rowspan="2">6</td><td>10</td></tr>
<tr><td>4</td><td rowspan="2">7</td><td>11</td></tr>
</table>

Estados Unidos en imágenes

United States in images

1   Juegos de agua - Galería Nacional de Arte
Edificio Oeste - Washington, D.C.
Water games - National Gallery of Art
West building - Washington, D.C.
2   Área residencial - Coffer Woods - Burke - Virginia
Residencial area - Coffer Woods - Burke - Virginia
3   Escena de nieve - Burke - Virginia
Snow scene - Burke - Virginia
4   Aeropuerto Ronald Reagan - Arquitecto Cesar Pelli
Inaugurado en 1977 - Washington, D.C.
Ronald Reagan Airport - Architect Cesar Pelli
Inaugurated in 1977 - Washington, D.C.
5   Escena de Halloween - Mason Bluff Drive - Virginia
Halloween scene - Mason Bluff Drive - Virginia
6   Zona de restaurantes - Estación Unión
Washington, D.C. - Virginia
Sit-down restaurants - Union Station
Washington, D.C. - Virginia
7   Cohetes y misiles - Museo del Aire y Espacio
National Mall - Washington, D.C.
Rockets and missiles - Air and Space Museum
The National Mall - Washington, D.C.
8   Paisaje en lago Barton - Condado Fairfax - Virginia
Lake Barton landscape - Fairfax County - Virginia
9   Tren en invierno - Condado Fairfax - Virginia
Train on winter - Fairfax County - Virginia
10   Anfiteatro Memorial a Arlington
Arlington - Virginia del Norte
Arlington Memorial Amphitheatre
Arlington - Northern Virginia
11   Trama en poste eléctrico oxidado
Burke - Virginia
Design in an oxidized electric post
Burke - Virginia

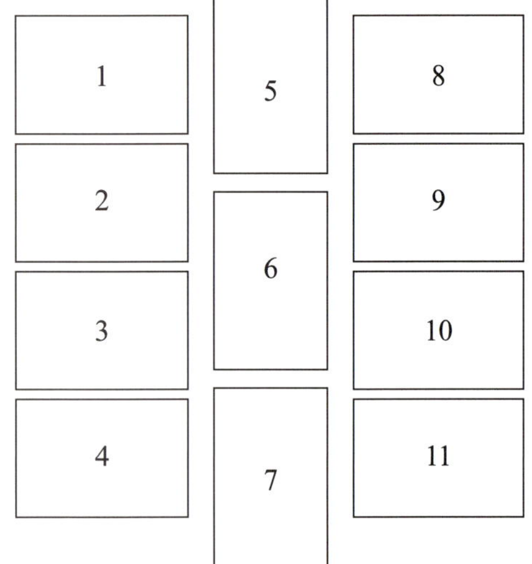

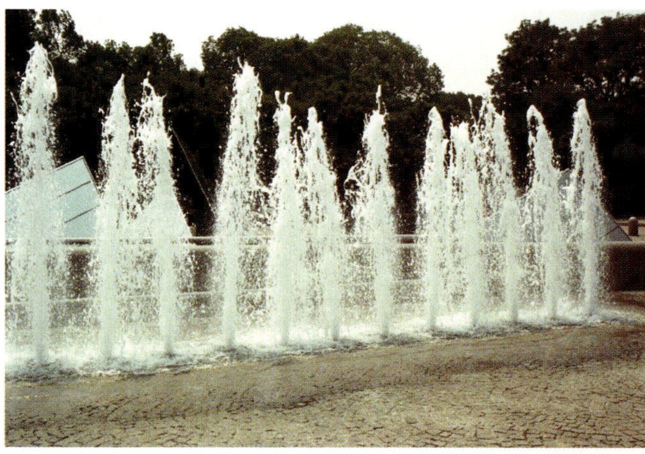

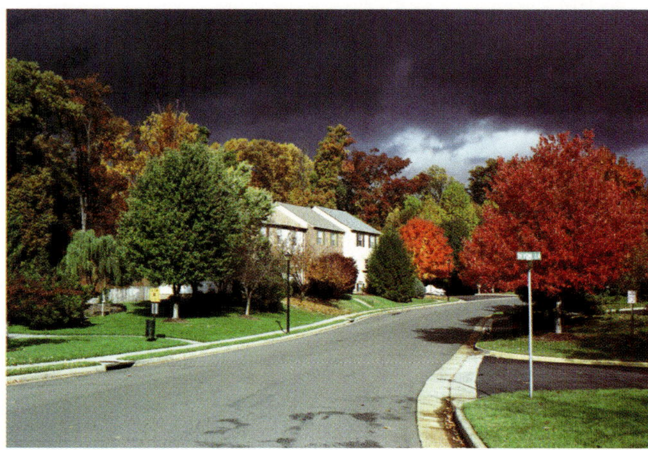

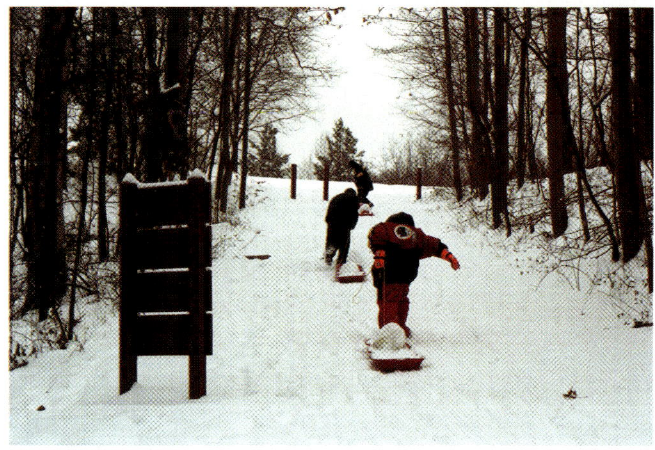

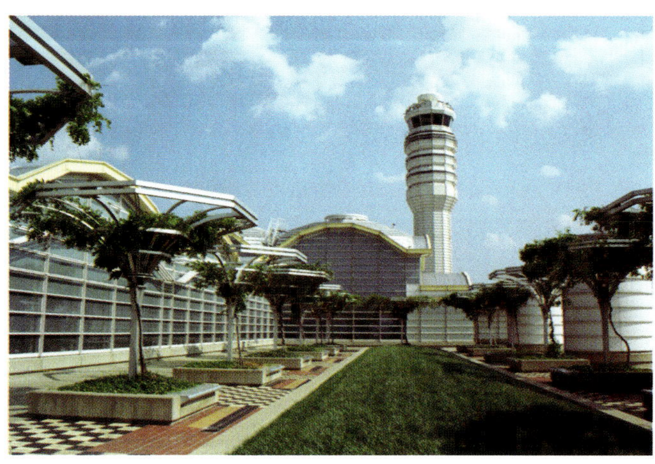

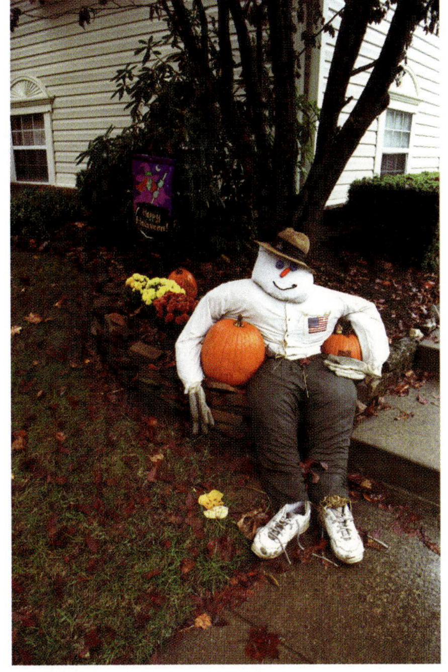

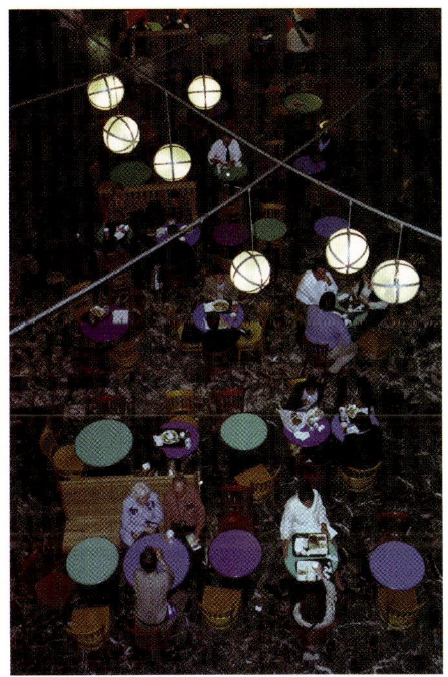

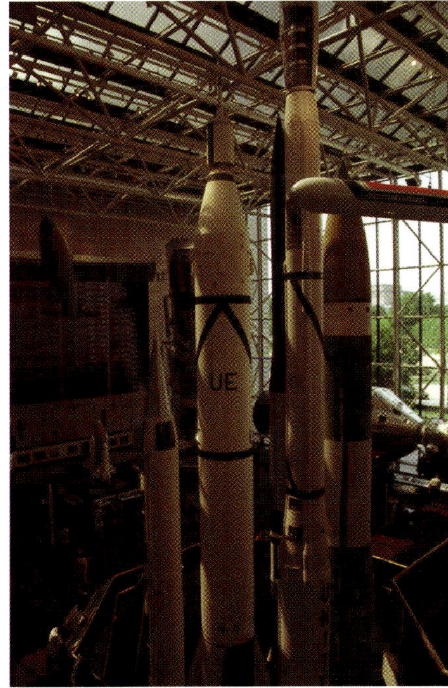

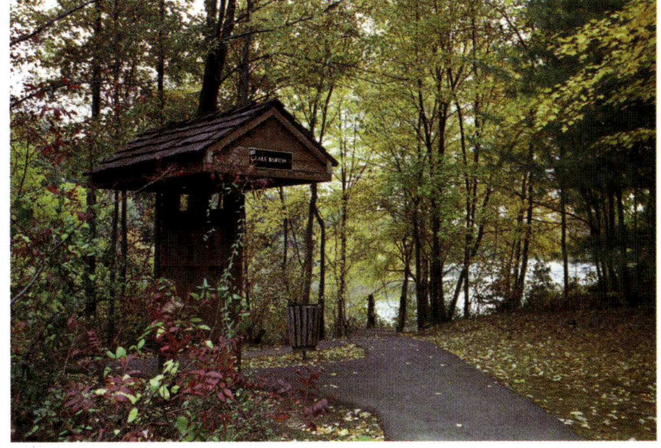

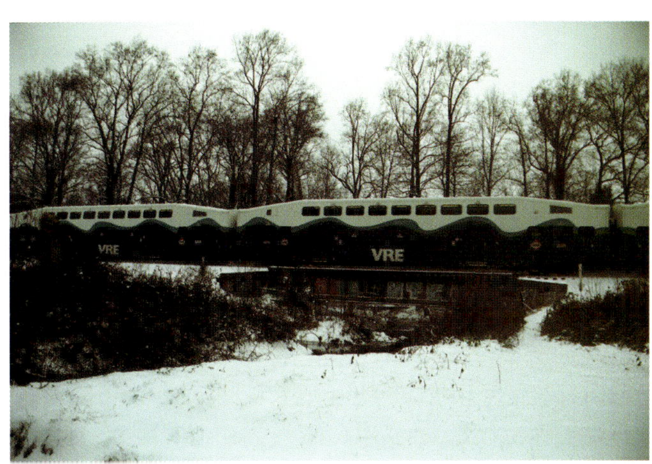

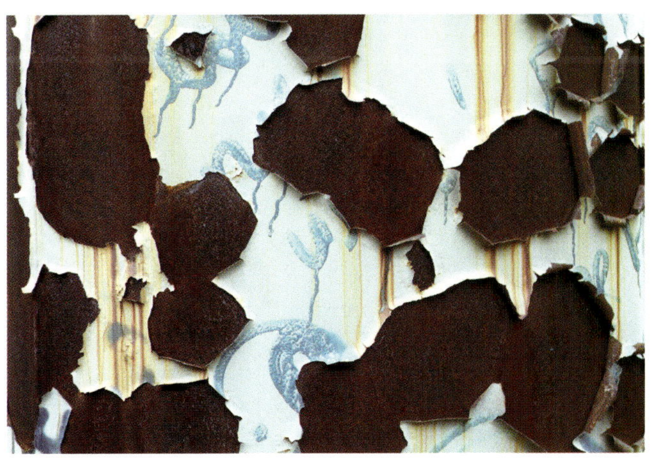

podían casarse con mujeres de su país, puesto que eran numerosas las mujeres inglesas que emigraban a América …». Actualmente es el país más rico del mundo, con un alto desarrollo tecnológico y social. Todo su territorio ha sido conquistado. Perú en cambio se asienta en un territorio con un alto desarrollo cultural, las civilizaciones pre-colombinas enriquecen su historia, pero en las épocas de la colonia y republicana respectivamente, se produce un retroceso cultural y social. Se explota el país para obtener sus recursos naturales y se benefician otros países, nunca para el bienestar propio. En Perú la razón de la conquista fue encontrar oro y plata para enriquecerse y llevarlo a España, un viaje breve, una aventura corta y productiva. Se instauró un sistema eficiente de explotación de sus minerales, que hasta ahora funciona. Aún no se conquistó ni la mitad de su territorio. En el libro 'Mi tierra Perú' al referirse a Cerro de Pasco, el corazón mineral del Perú, aparece: **«… desde tiempos inmemoriales la historia de este territorio ha viajado de la mano de la explotación de los minerales. Lo sabían ya los incas y sus sucesores españoles, que a mediados del siglo XVII convirtieron estas tierras en una muy importante mina. Desde entonces, con altibajos, la extracción no ha cesado, convirtiendo el cerro que se está comiendo la capital, en una de las minas de tajo abierto más completas del mundo. Esta producción de plata, cobre, zinc, molibdeno y tungsteno es quizás posible gracias a los buenos oficios de los 'mukis', esos diminutos duendes en quienes confían los mineros …».** Y al mencionar a Huancavelica: **«… dura, aislada, fría y muy arrugada. Lo que aquí no es mina es roquedal, ichu, quebrada y frío gélido en las alturas y patria natural de las llamas, las alpacas y las vizcachas, vicuñas y guanacos salvajes …».** Por otro lado, en una carta de Carlos de Beranger dirigida al Virrey Amat el 30 de abril de 1766 dice así: **«… pues sin la Real Mina no hay fomento de las demás de este Reyno, por que faltando el Asogue, deberá subministrarlos la España, a costa de gastos grandiosos …».**

Mundos paralelos y diferentes, dos culturas cuyos destinos fueron trazados por su propia gente. Mientras uno tiene en su presente y futuro sus mejores momentos, el otro lo tiene enterrado en su pasado. Mientras uno muestra al mundo poder, riqueza y bellas ciudades modernas, el otro aporta con una rica cultura milenaria, bellos escenarios y paisajes naturales. Mientras uno muestra al mundo sus tesoros tecnológicos, el otro sus tesoros culturales y tradiciones ancestrales. Mientras en uno se respira desarrollo, progreso y confort, en el otro se respira atraso y pobreza.

En todas las fotografías hay algo en común, una imagen que identifica al país, y la intención de transportar a la gente a otra realidad, al mundo de la arquitectura. Las imágenes se presentan haciendo un paralelo entre ambos países, una imagen en Estados Unidos tiene una solución diferente en el Perú, y viceversa. Trato de mostrar las respuestas a cada tema específico, desde una perspectiva propia y teniendo a la arquitectura como tema principal. Se trata de rescatar la belleza dentro de lo caótico o monótono que puede ser una ciudad, de mostrar lo que encuentro diferente y único, que puede ser la esencia del país, y que ha sido creado con el fin de transmitir belleza, creatividad, y vida. Trato de mostrar lo que me asombra y llama mi atención de los mundos que voy descubriendo en mis viajes, y de compartirlo con la gente. Las imágenes han sido tomadas desde 1992 hasta 2003, y las he organizado de acuerdo a temas determinados, así pues han sido clasificadas en Fachadas, Formas y Texturas, Arquitectura, Gente, Mobiliario Urbano, Detalles Arquitectónicos, Imágenes de Invierno, Farolas y Arquitectura, Flora, Arquitectura y Paisaje, para mostrar las diferencias de ambos países y los mundos paralelos.

Ricardo Olea

*a high technological and social development. All American territory has been conquered. On the other hand, Peru occupied a territory with a high cultural development, Pre-Columbus civilizations enriched its history, but in Colonial and Republican times there was a cultural and social regression. The Country is exploited to obtain natural resources to benefit other countries, never for its own benefit. The reason of Peru's conquest was to find gold and silver to enrich and to take it back to Spain. A brief journey, a short and productive adventure. An efficient system of mines exploitation was installed, and is still working now. Nowadays, Peruvian territory hasn't been conquered yet, more than a half of it is abandoned. In the book 'Peru, My Land', when the author talks about Cerro de Pasco, the mineral heart of Peru, appears: «... **from immemorial times, the history of this territory was related with minerals exploitation. The Incas knew it, the Spanish knew it too, so in the middle of XVII Century these lands were transformed in a very important mine. Since then, mineral extraction has not stopped, (Cerro de Pasco = Pasco Hill) the hill that is eating the capital became one of the most complete mines in the world. Production of silver, copper, zinc, molybdenum and tungsten is maybe possible thanks to good services of 'mukis', those tiny goblins who miners trust in ...».** And when he talks about Huancavelica: «... **hard, isolated, cold and very wrinkly. Here, what it is not mine it is rock, ichu, ravine and icy cold in high lands, and natural homeland of Llamas, Alpacas, Vizcachas, Vicuñas, and wild Guanacos ...».** On the other hand, in a Carlos de Beranger's letter directed to Viceroy Amat on April 30, 1776 says: «... **without the Royal Mine there is not promotion for the others in this kingdom, because without mercury, Spain will must supply them, it would be extremely expensive ...».**

Parallel and different worlds, two cultures whose destinies have been traced for their people. While one has the best moments in present and future times, the other one has buried them in the past. While U.S.A. shows power, riches and nice modern cities to the world, Peru contributes with a rich millenary culture, fine sceneries and natural landscapes. While one shows technological treasures, the other one shows cultural treasures and ancient traditions. While one respires development, progress and comfort, the other one respires backwardness and poverty.*

In all photographs there is something in common, an image that identifies a country, and an intention to transport people to another reality, the world of architecture. There is a parallel between images of both countries, an image in U.S.A. has a different solution in Peru. I try to give different answers to a specific subject, since my own perspective, main theme is Architecture. I try to rescue beauty within chaos and monotony of a city. I try to show what I find different and unique; the country essence that has been created to transmit beauty, creativity and life. I show what amazes me and calls my attention in the worlds I am discovering on my trips to share it with people. Images have been taken since 1992 until 2003, they have been classified according to specific themes, they are: Facades, Shapes & Textures, Architecture, People, Urban Furniture, Architectural Details, Winter Images, Lamp-Posts & Architecture, Flora, Architecture & Landscape. They have been organized to show differences of both countries and the parallel worlds.

Ricardo Olea

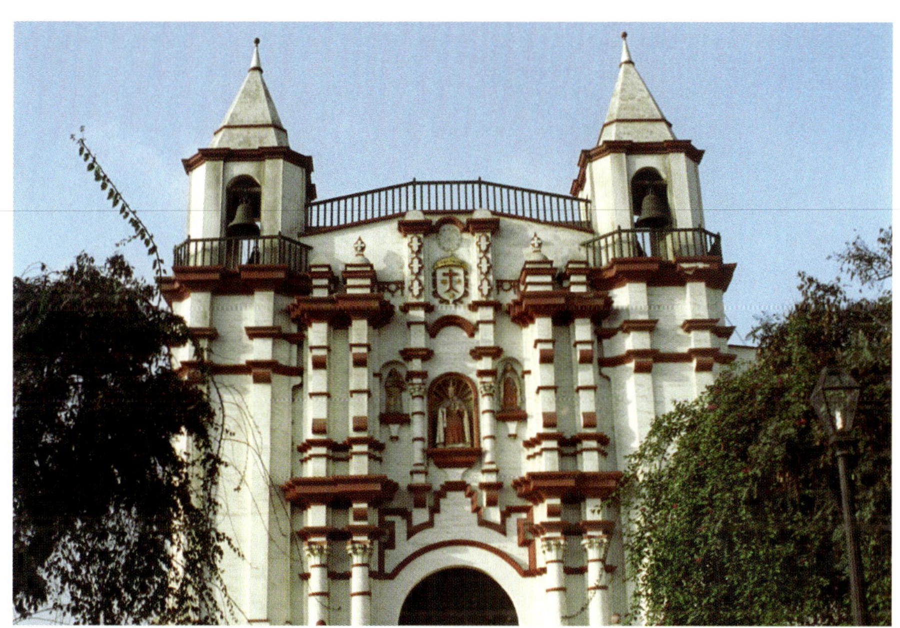

FACHADAS

FACADES

Página 27
Casa típica de Quinua
Construida en 1877. Vivienda ubicada en la calle Sucre.
Quinua - Ayacucho - PERÚ

Page 27
Quinua typical house
It was built in 1877. Residence located on Sucre Street.
Quinua - Ayacucho - PERU

Páginas 28-29
Casa típica de Mount Vernon
Construida en 1939. Vivienda ubicada en Av. Mount Vernon 1409.
Alexandria - Virginia - EE.UU.

Pages 28-29
Mount Vernon typical house
It was built in 1939. Residence located on 1409 Mount Vernon Avenue.
Alexandria - Virginia - U.S.A.

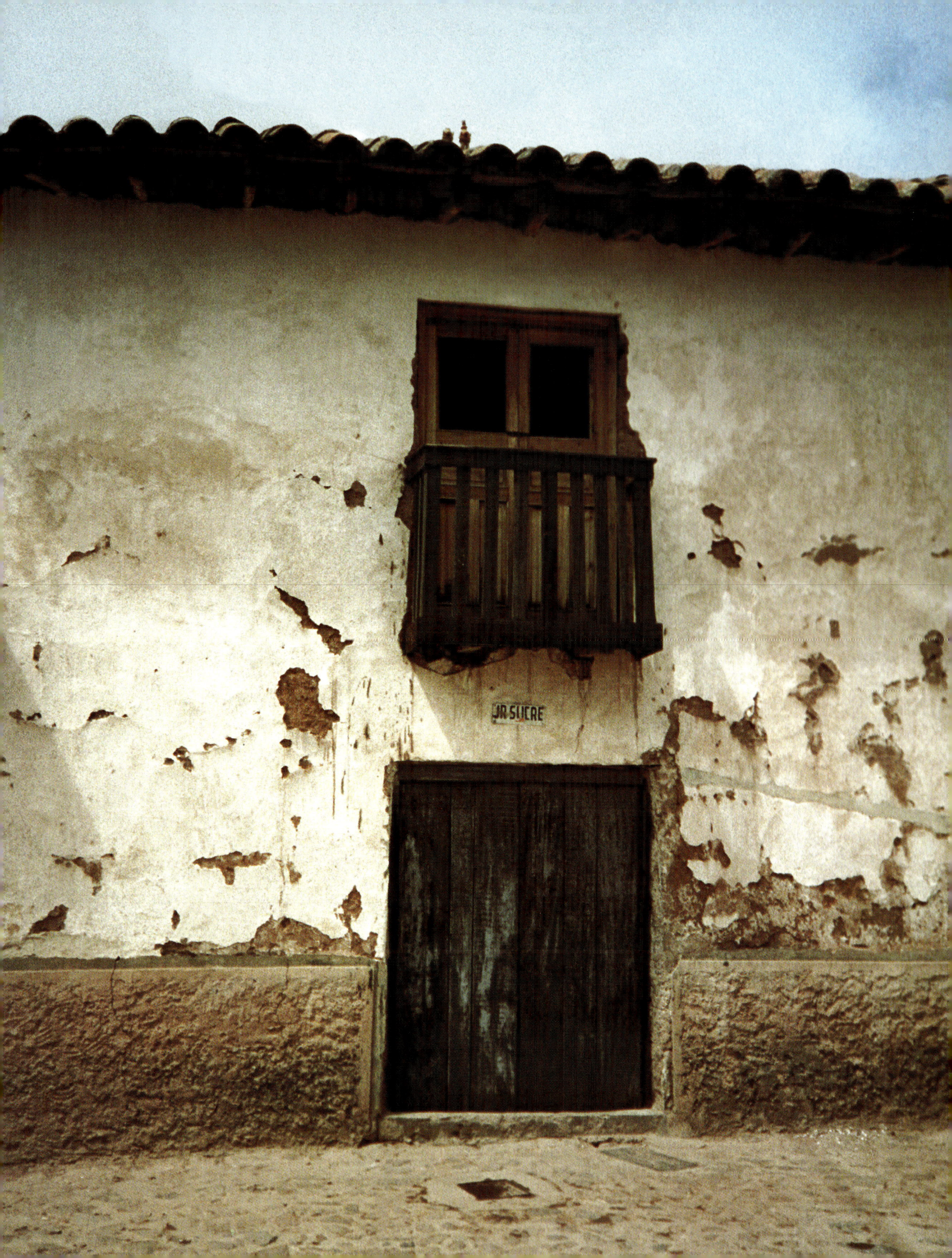
JR SUCRE

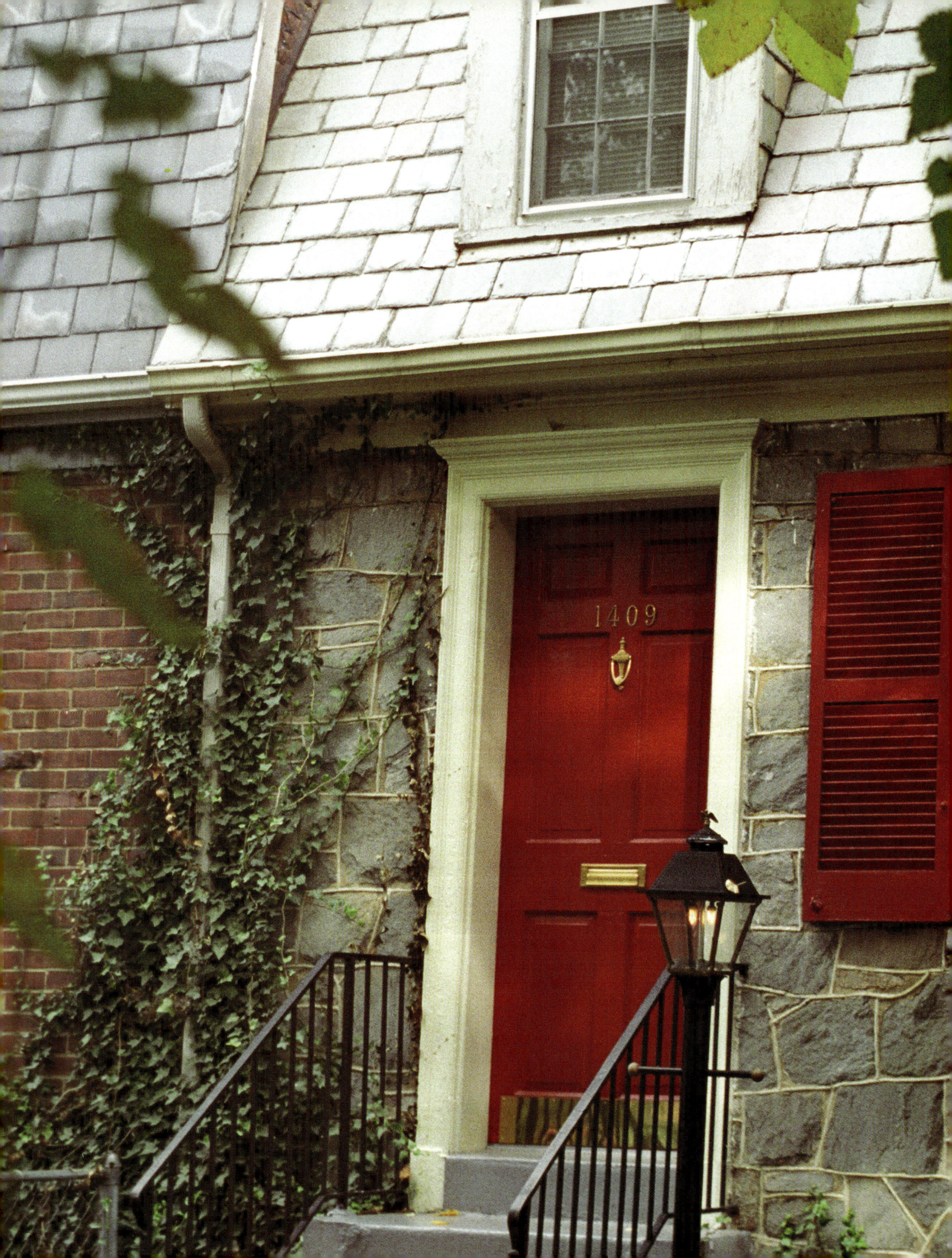

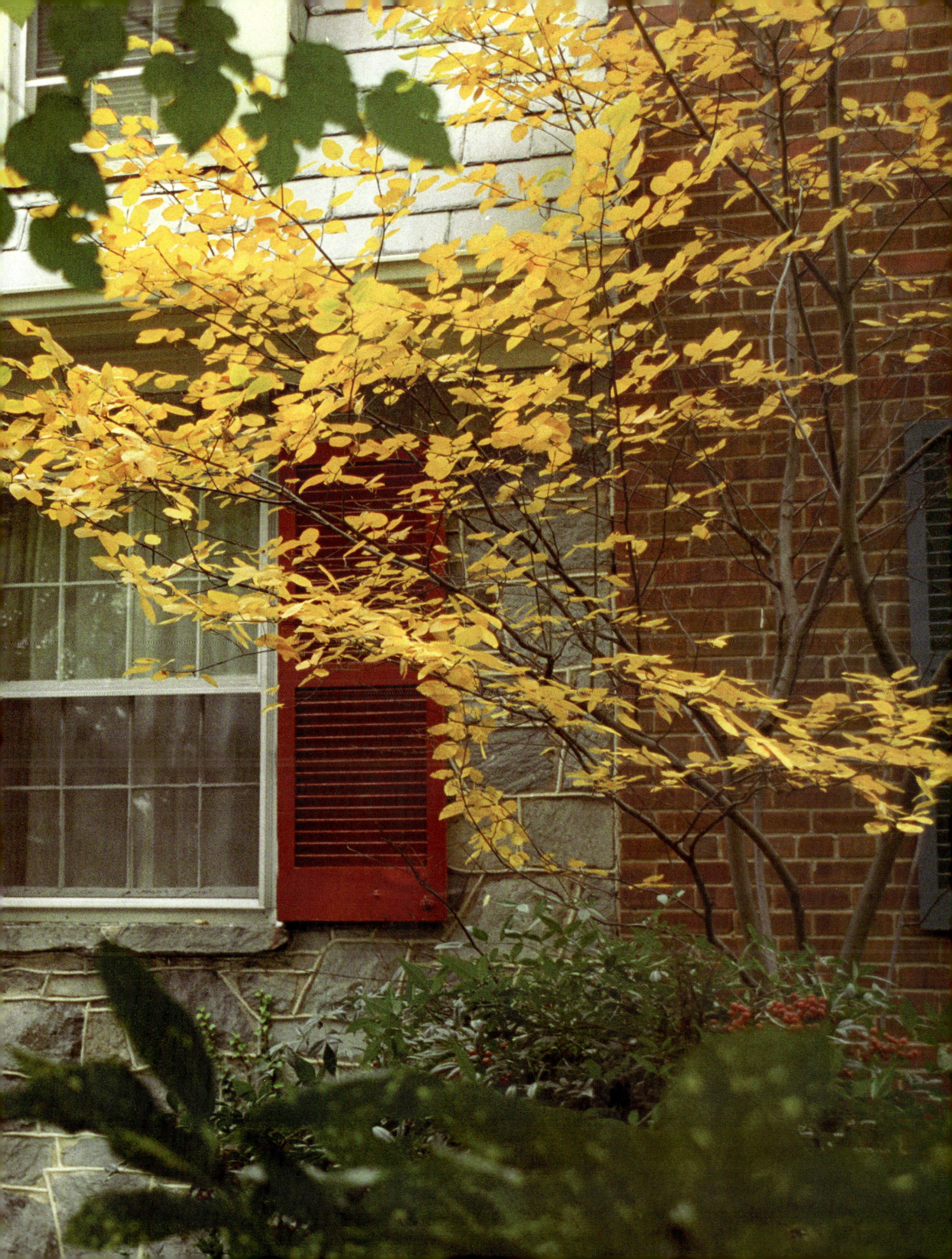

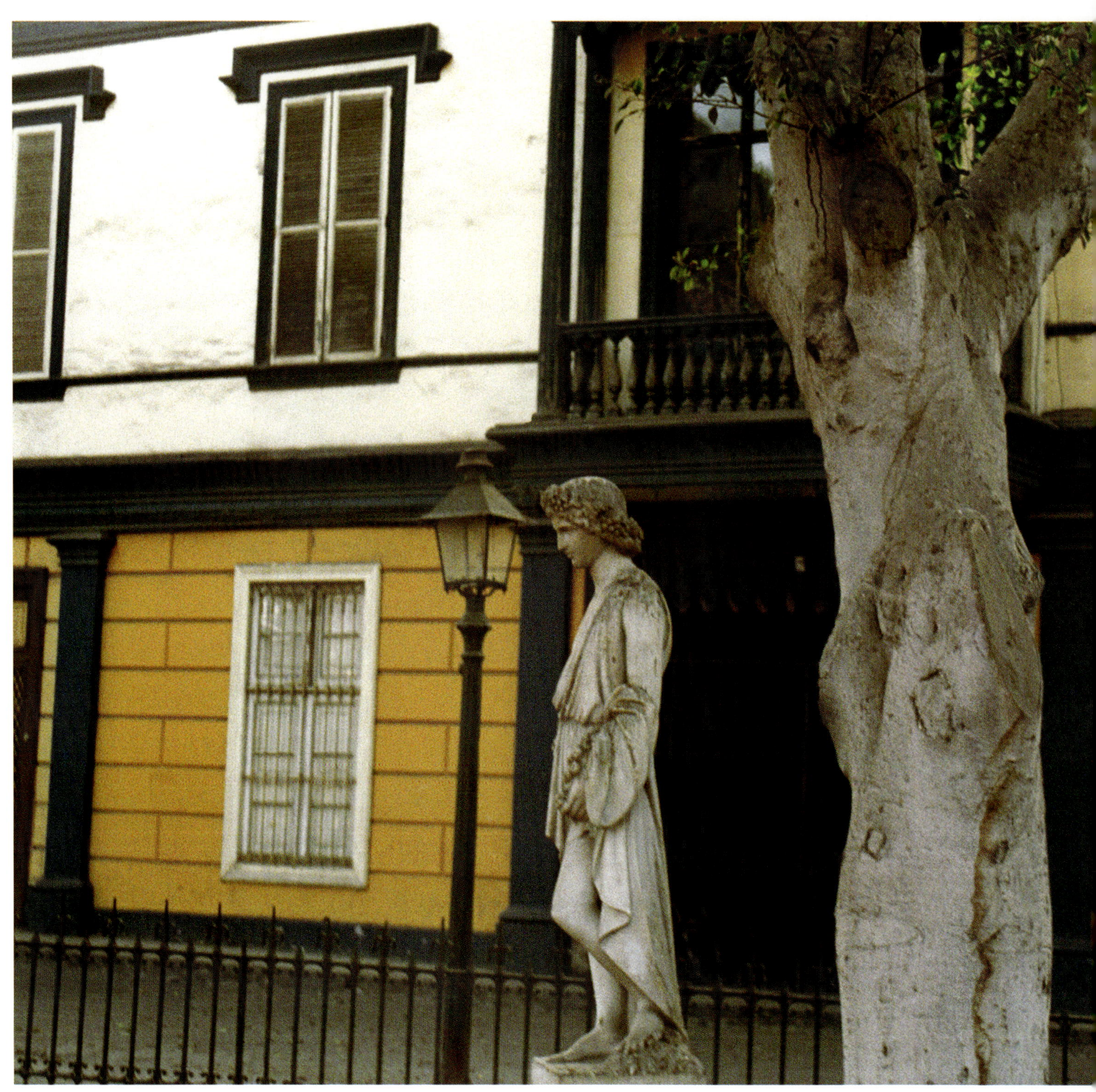

Casa en Quinta Heeren
Construida en **1880** en estilo Neoclásico. Está ubicada en la calle Junín 1201. Su propietario original fue el diplomático alemán Oscar Heeren.
Barrios Altos - Lima - PERÚ

House on Quinta Heeren
*It was built in **1880** in Neoclassic style. It is located on 1201 Junin Street. Its original owner was German diplomat Oscar Heeren.*
Barrios Altos - Lima - PERU

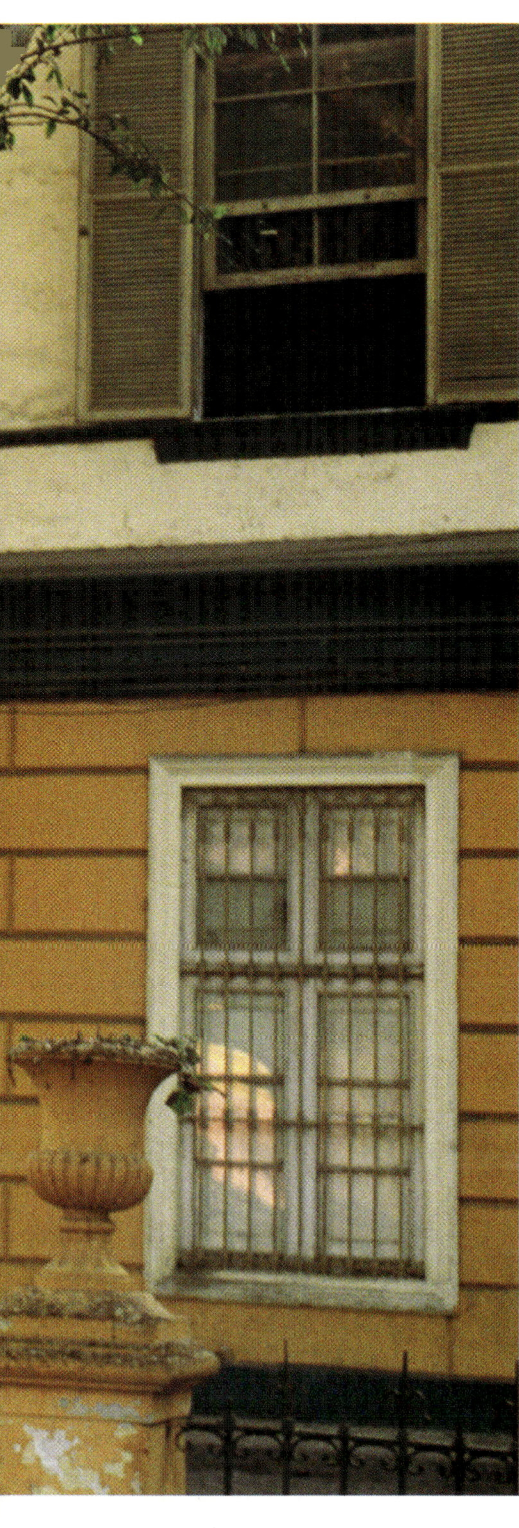

Páginas 32-33
Casas en Fell's Point
Construidas en 1812. Ubicadas en la calle Broadway Sur.
Baltimore - Maryland - EE.UU.

Pages 32-33
Houses in Fell's Point
They were built in 1812 . They are located on South Broadway Street.
Baltimore - Maryland - U.S.A.

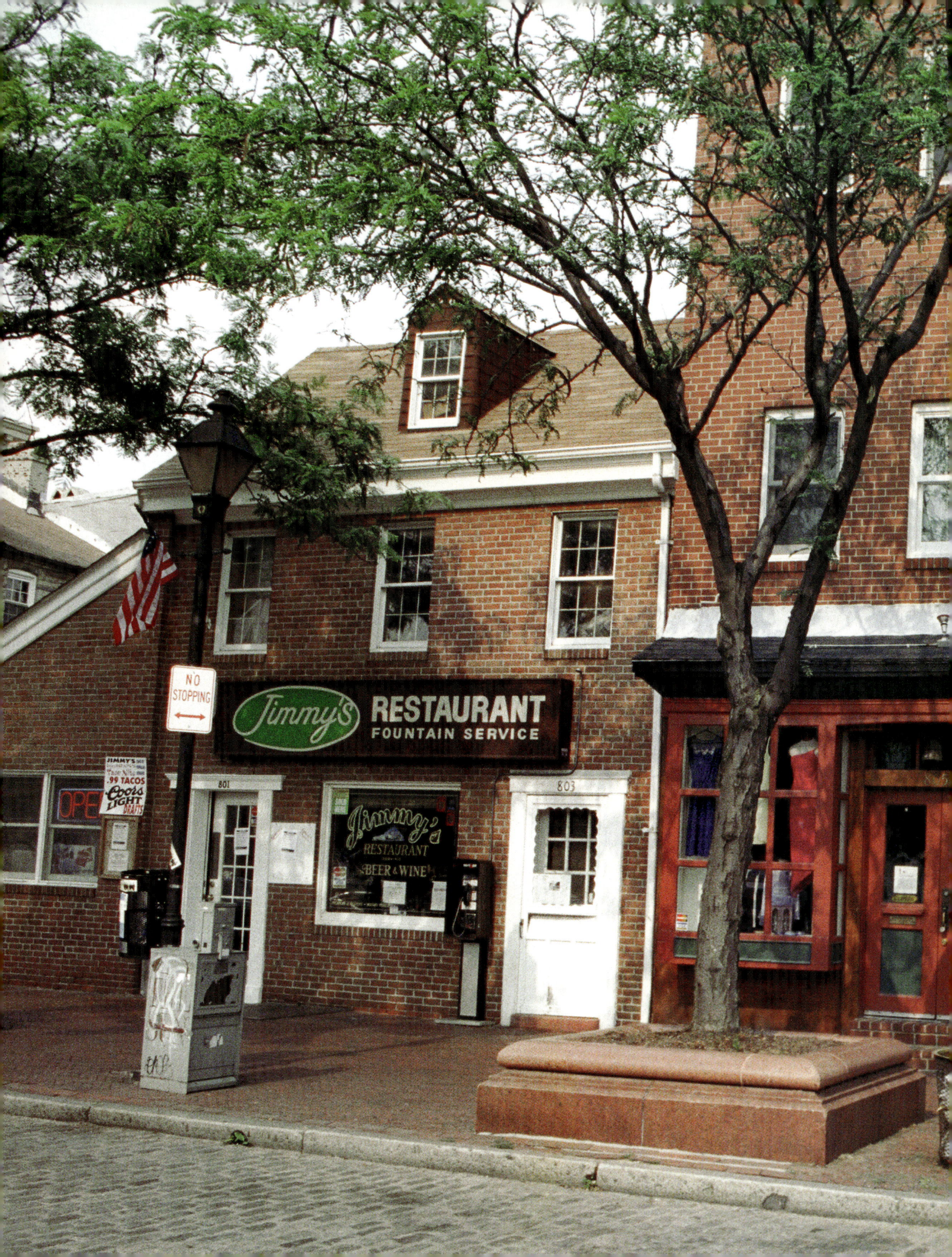
NO
STOPPING
Jimmy's RESTAURANT
FOUNTAIN SERVICE
OPEN
.99 TACOS
Coors
LIGHT
DRAFTS
801
803
Jimmy's
RESTAURANT
BEER & WINE

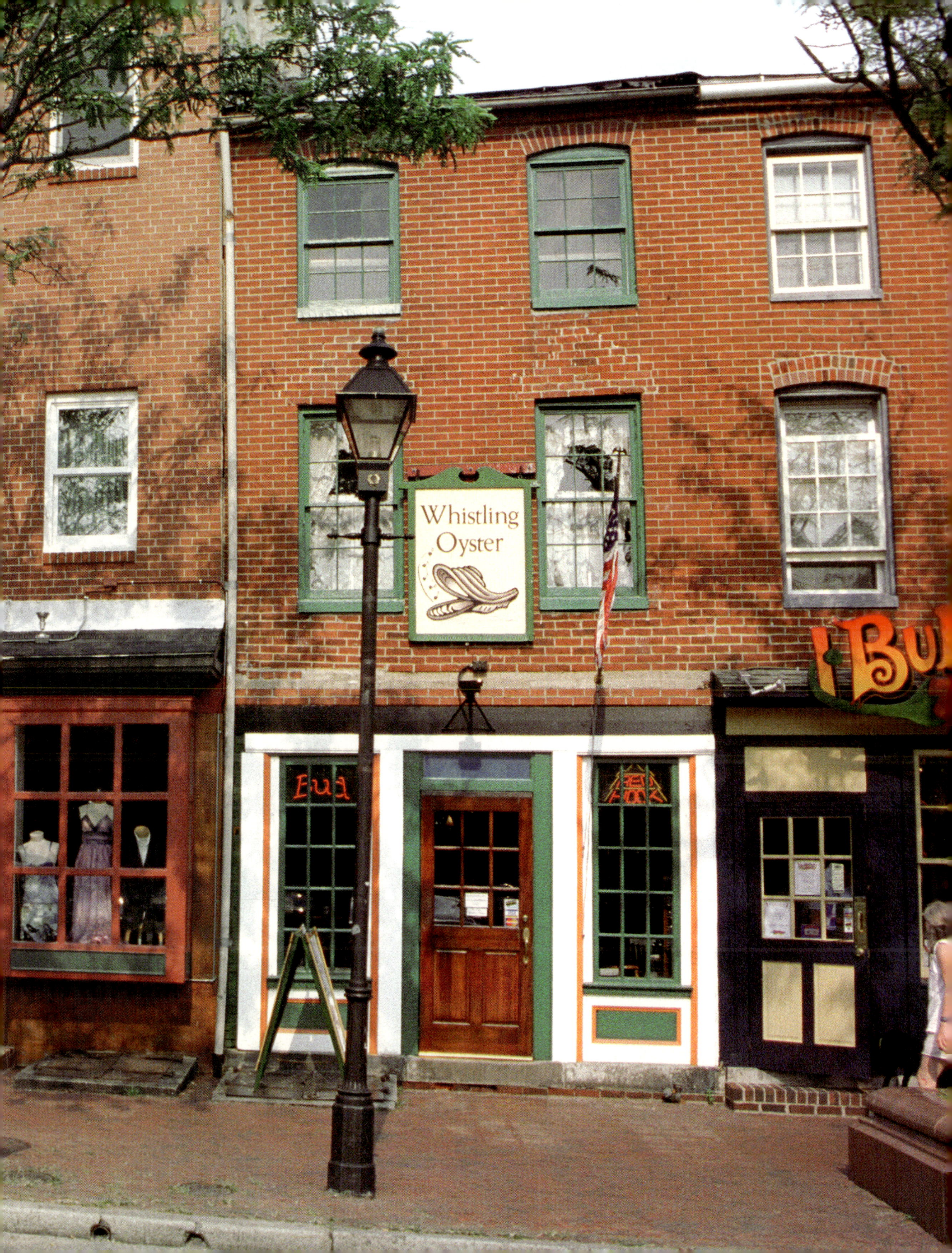

Whistling
Oyster
Bud

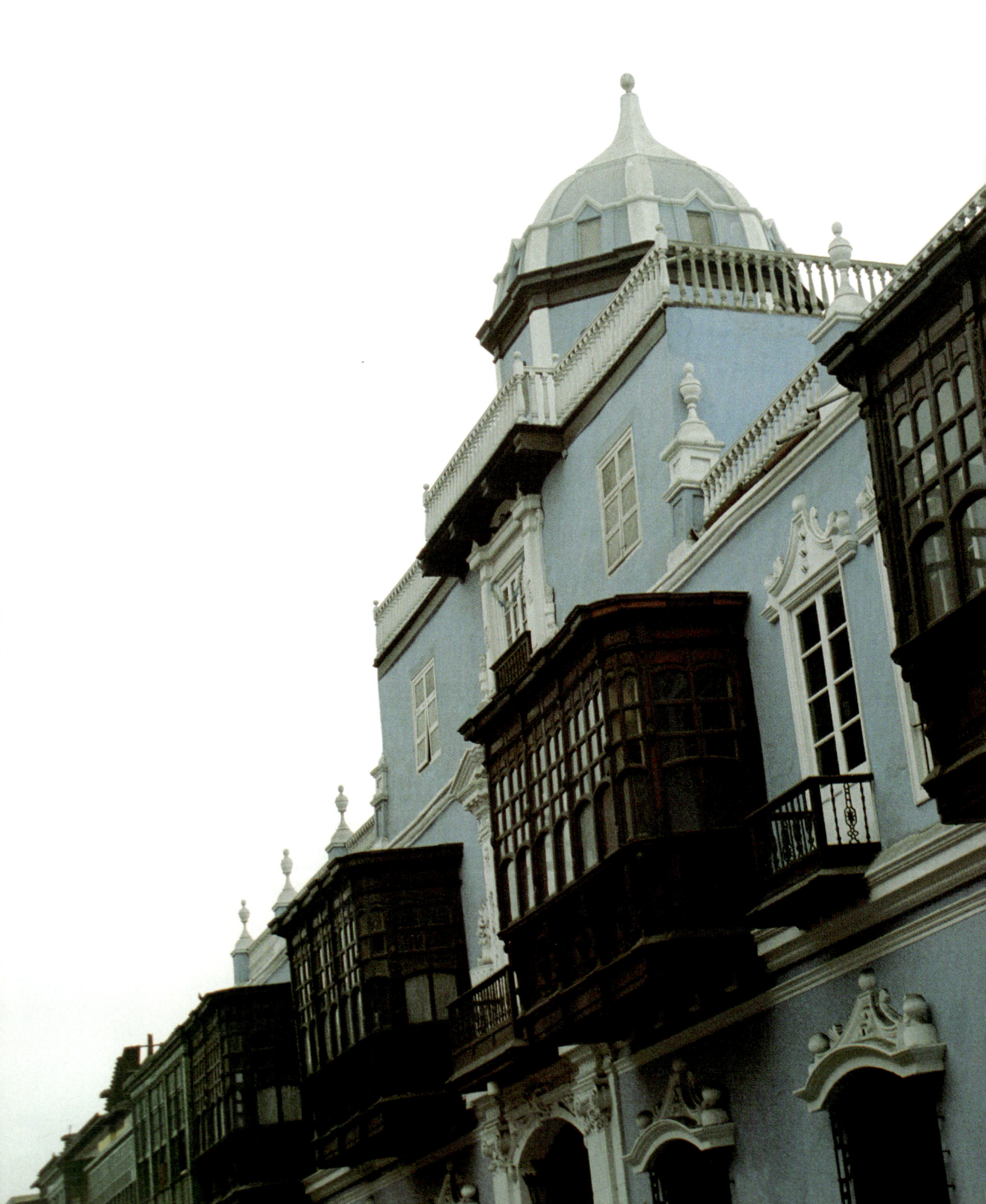

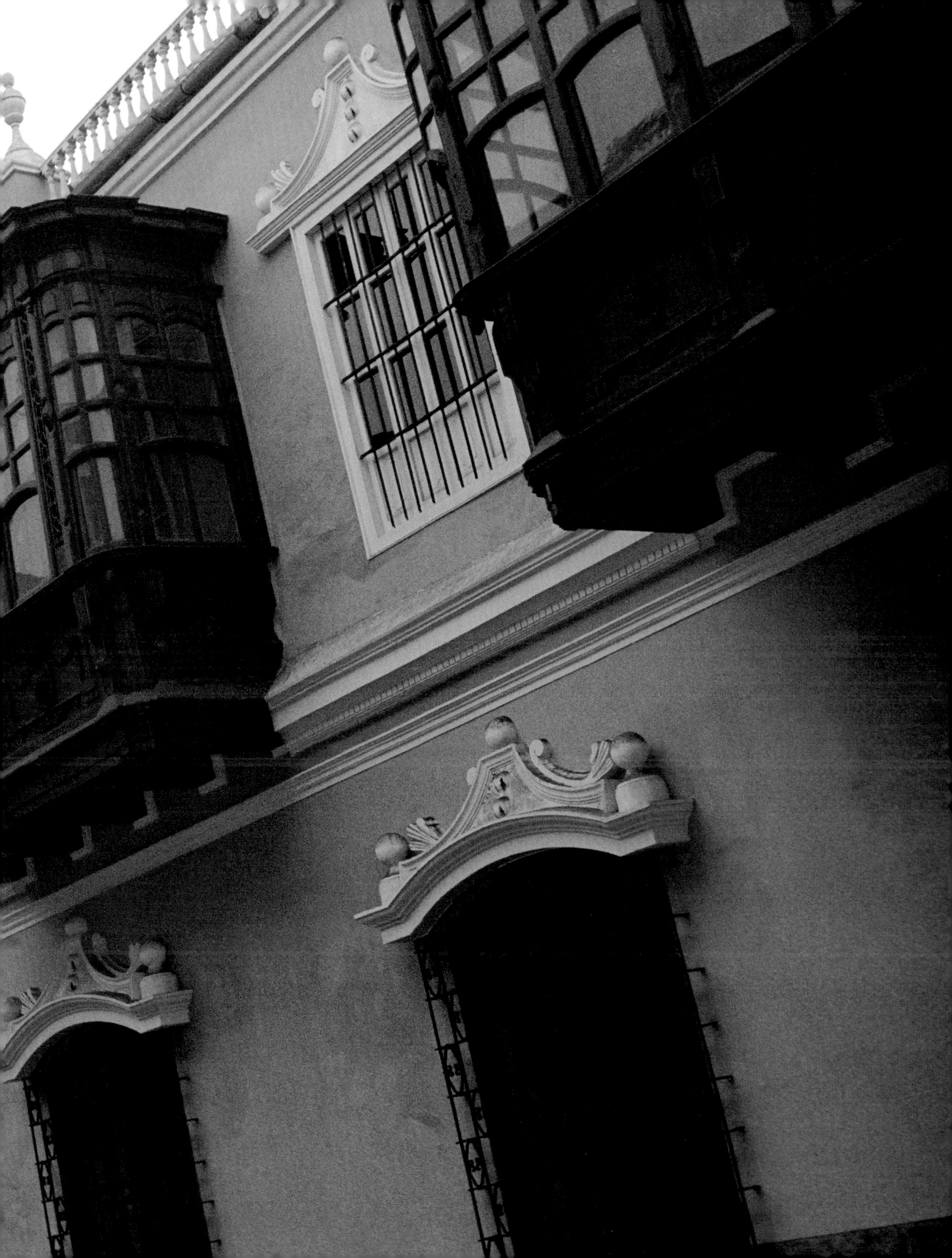

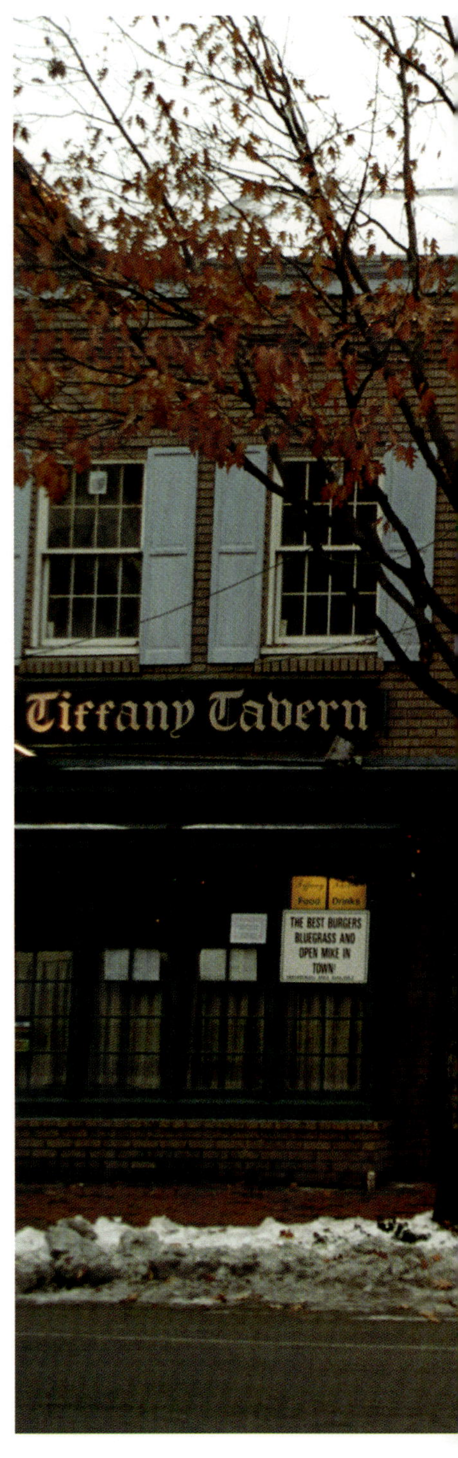

Páginas 34-35
Casona de Osambela
Construida en el año 1805. Ubicada en la calle Conde De Superunda 300. Diseño de casa solariega del siglo XVIII. Su propietario original fue el banquero español Osambela.
Lima - PERÚ

Pages 34-35
Osambela historic house
It was built in1805. It is located on 300 Conde De Superunda Street. XVIIIth Century manor residence design. Its original owner was Spanish banker Osambela.
Lima - PERU

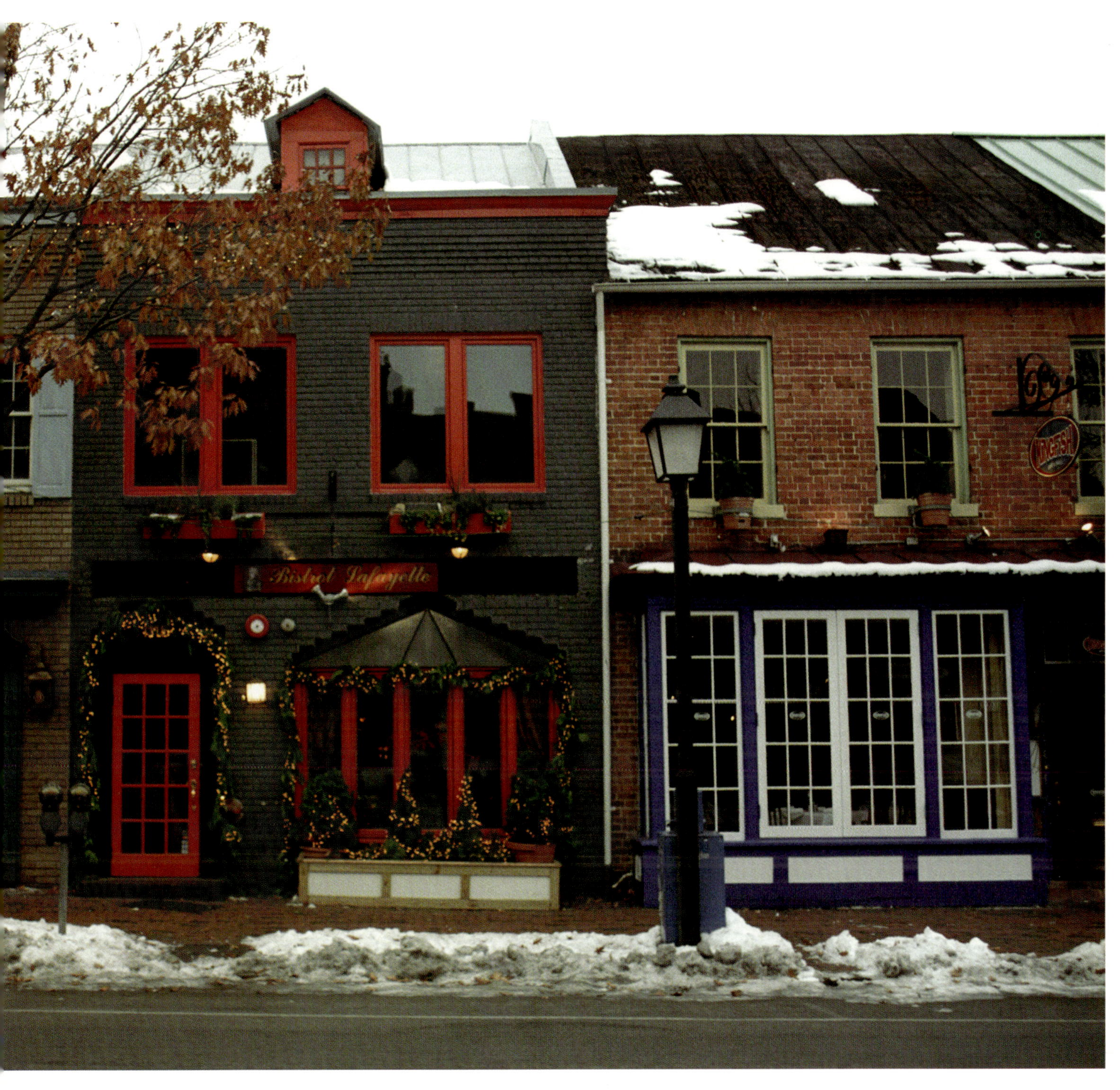

Casas en calle King
Construidas en el año **1800.** Se ubican en la cuadra 13 de la calle King.
Alexandria - Virginia - EE.UU.

Historic houses on King Street
*They were built in **1800.** They are located on block 13th of King Street.*
Alexandria - Virginia - U.S.A

Casa Morisca en calle Bolognesi
Construida en concreto en 1912. Vivienda de estilo morisco, ubicada en la calle Bolognesi 100, con vista al Océano Pacífico.
La Punta - Callao - PERÚ

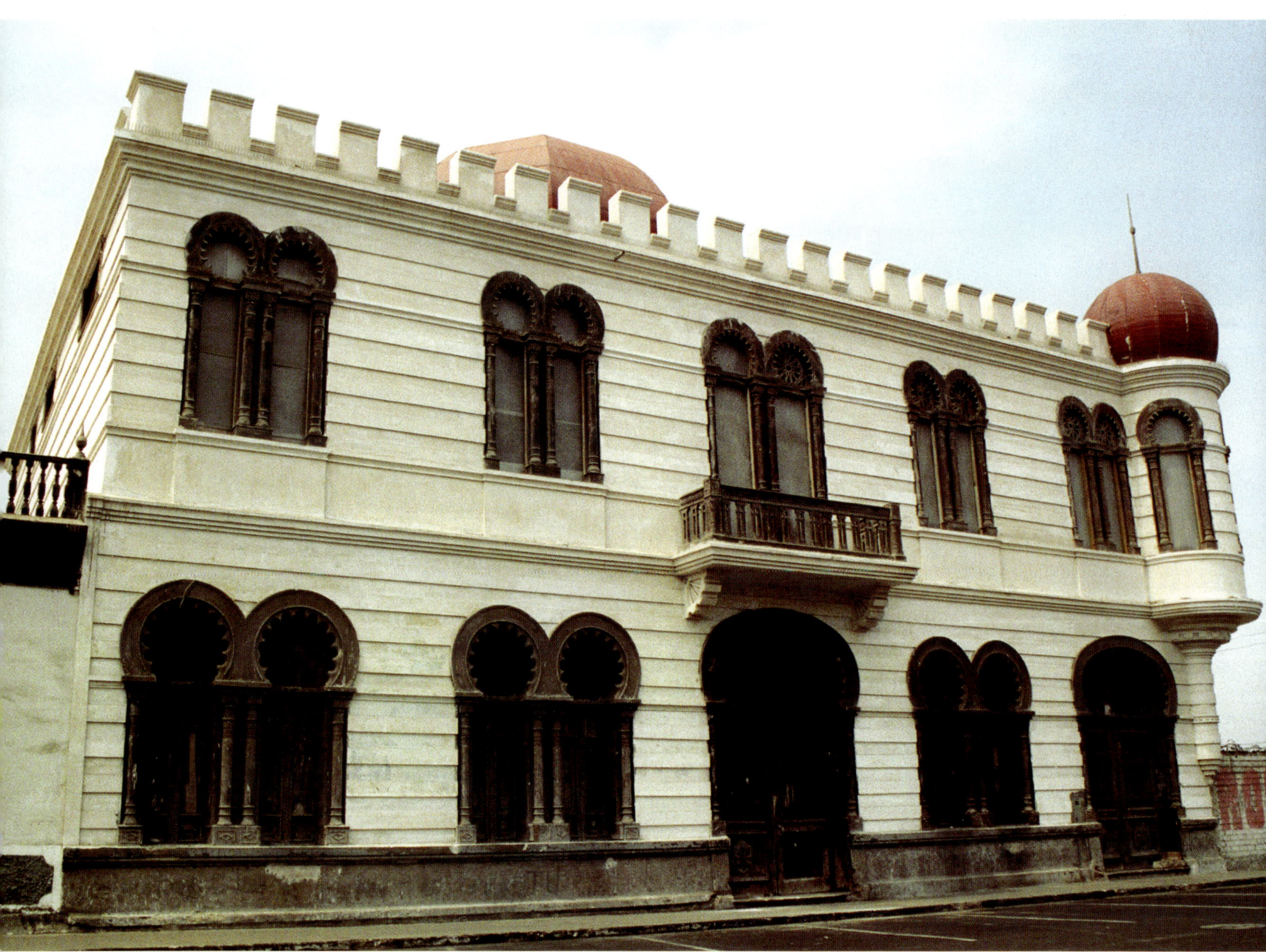

Moresque house on Bolognesi Street
Concrete construction. It was built in 1912. Moresque style residence. It is located on 100 Bolognesi Street, in front of the Pacific Ocean.
La Punta - Callao - PERU

Casa Carlyle en calle Fairfax
Construida en piedra en 1753. Mansión con diseño de casa hacienda, ubicada en la calle Fairfax Norte 121.
Su propietario original fue el comerciante escocés John Carlyle.
Alexandria - Virginia - EE.UU.

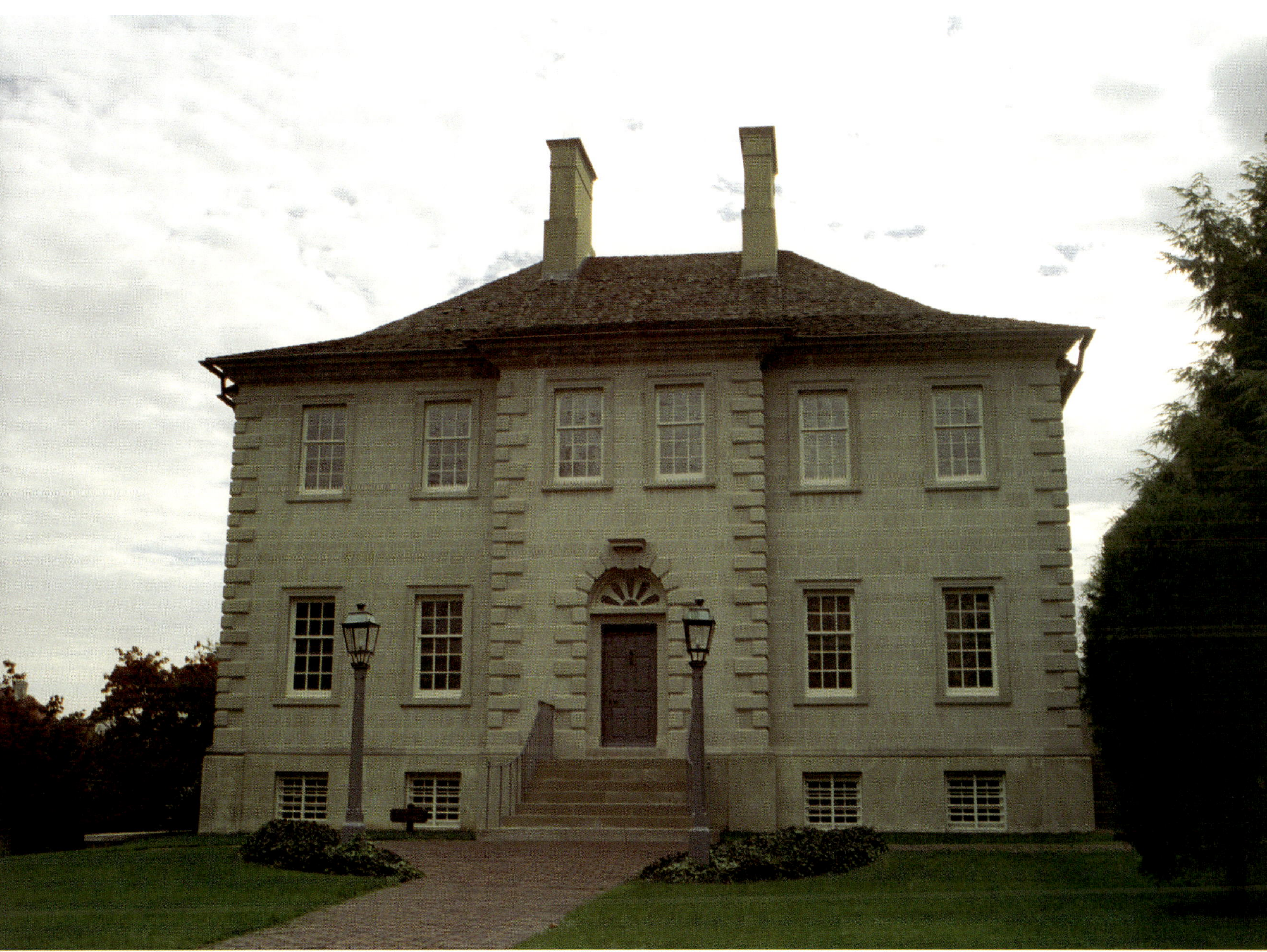

Carlyle House on Fairfax Street
Stone construction. It was built in 1753. Mansion with manor house design located on 121 North Fairfax
Street. Its original owner was Scottish merchant John Carlyle.
Alexandria - Virginia - U.S.A.

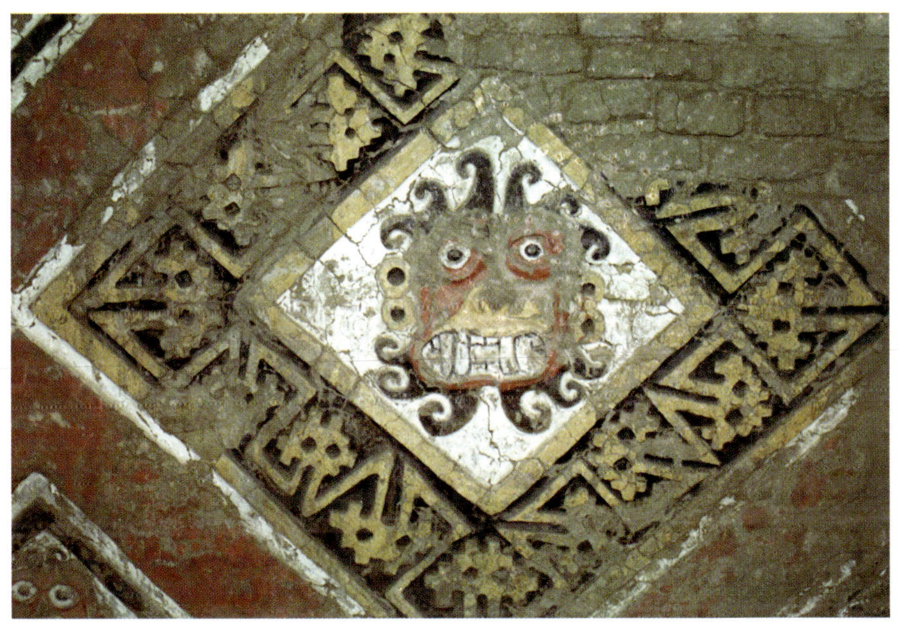

FORMAS Y TEXTURAS

SHAPES & TEXTURES

Escultura de Rhony Alhalel
Escultura roja ubicada en la Alameda Chabuca Granda. Mide 9 metros de altura y representa la marinera.
Fue realizada en 1999.
Lima - PERÚ

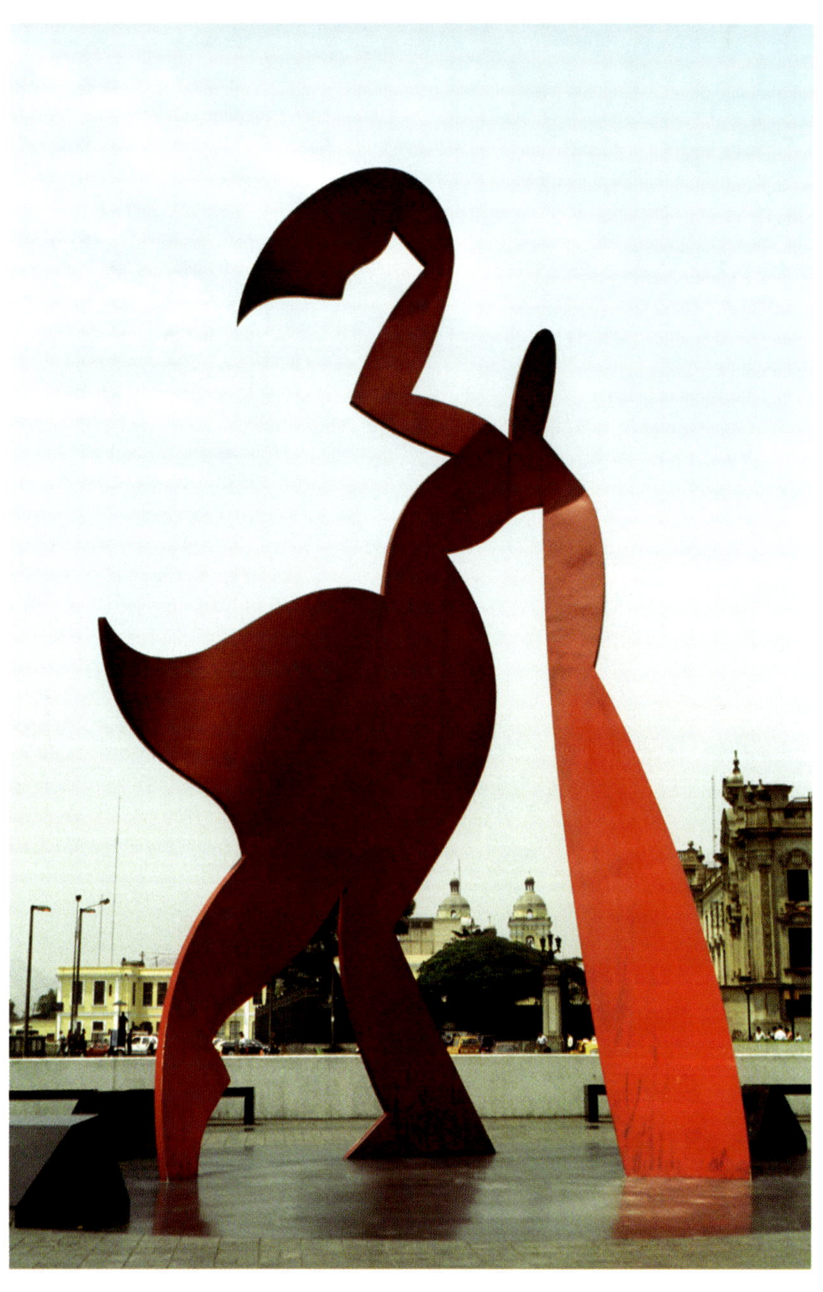

Rhony Alhalel's sculpture
Red sculpture located on Chabuca Granda Boulevard. Its height is 9 meters . It represents 'la marinera'. It
was designed in 1999.
Lima - PERU

Escultura de Alexander Calder
Escultura roja ubicada en el edificio Este de la Galería Nacional de Arte. Abstracción realizada en 1970.
Washington, D.C. - Virginia - EE.UU.

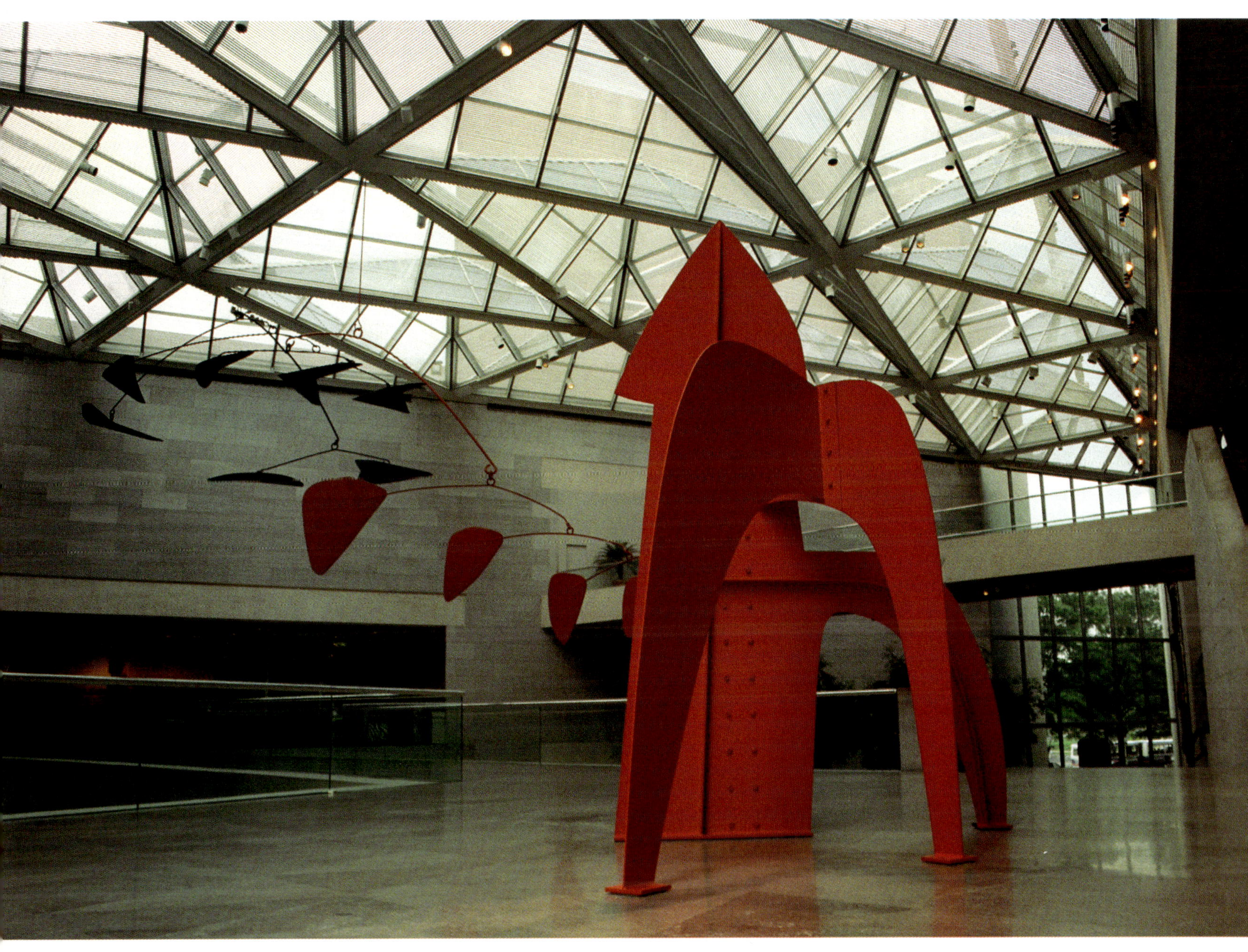

Alexander Calder's sculpture
Red sculpture located in East Building of the National Gallery of Art. Abstraction designed in 1970.
Washington, D.C. - Virginia - U.S.A.

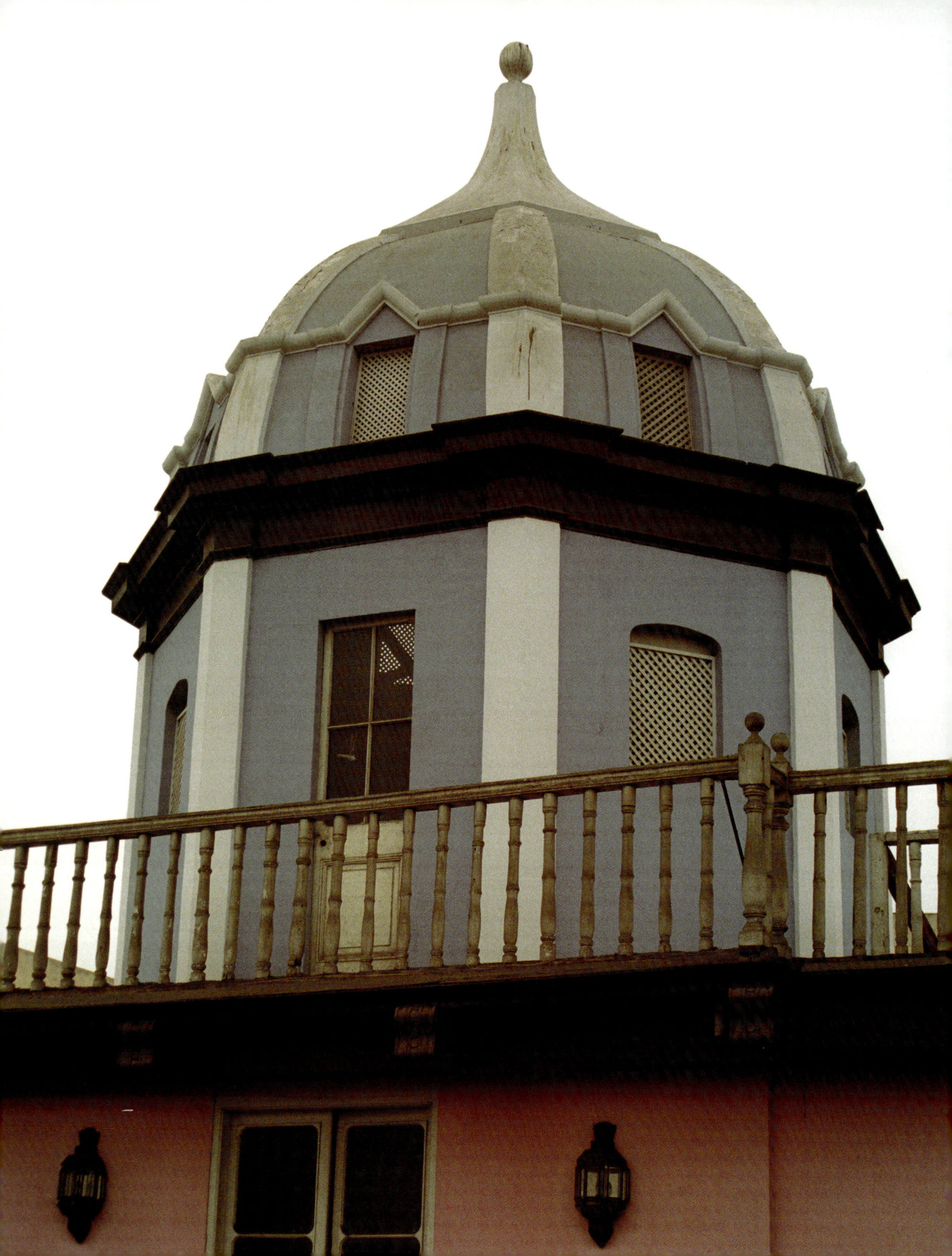

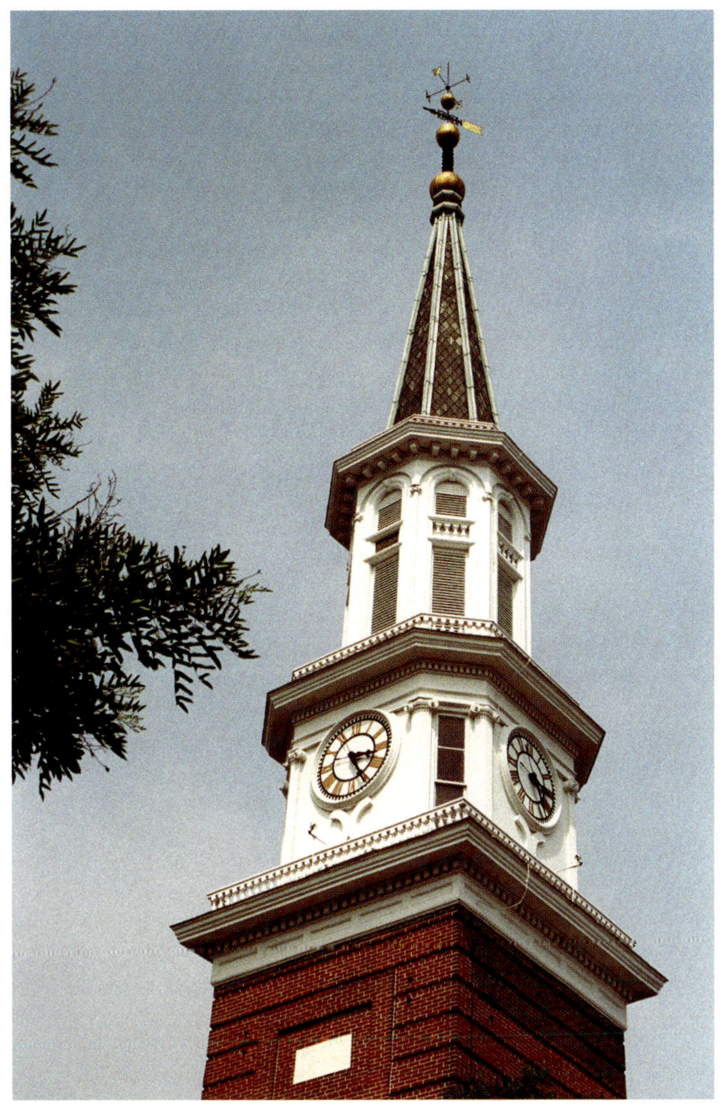

Mirador y estructura de madera
Mirador del Palacio Municipal de la ciudad de Alexandria. Diseñado por el arquitecto Adolph Cluss in **1871**.
Virginia del Norte - EE.UU.

Mirador and wooden structure
*Mirador of the Alexandria City Municipal Building. It was designed by architect Adolph Cluss in **1871**.*
Northern Virginia - U.S.A.

Página 44
Balaustrada de madera y mirador
Mirador de la casona de Oquendo. Cúpula de silueta morisca. **1805**.
Lima - PERÚ

Page 44
Wooden balustrade and mirador
*Mirador of the Oquendo Residence. Moresque silhouette dome. **1805**.*
Lima - PERU

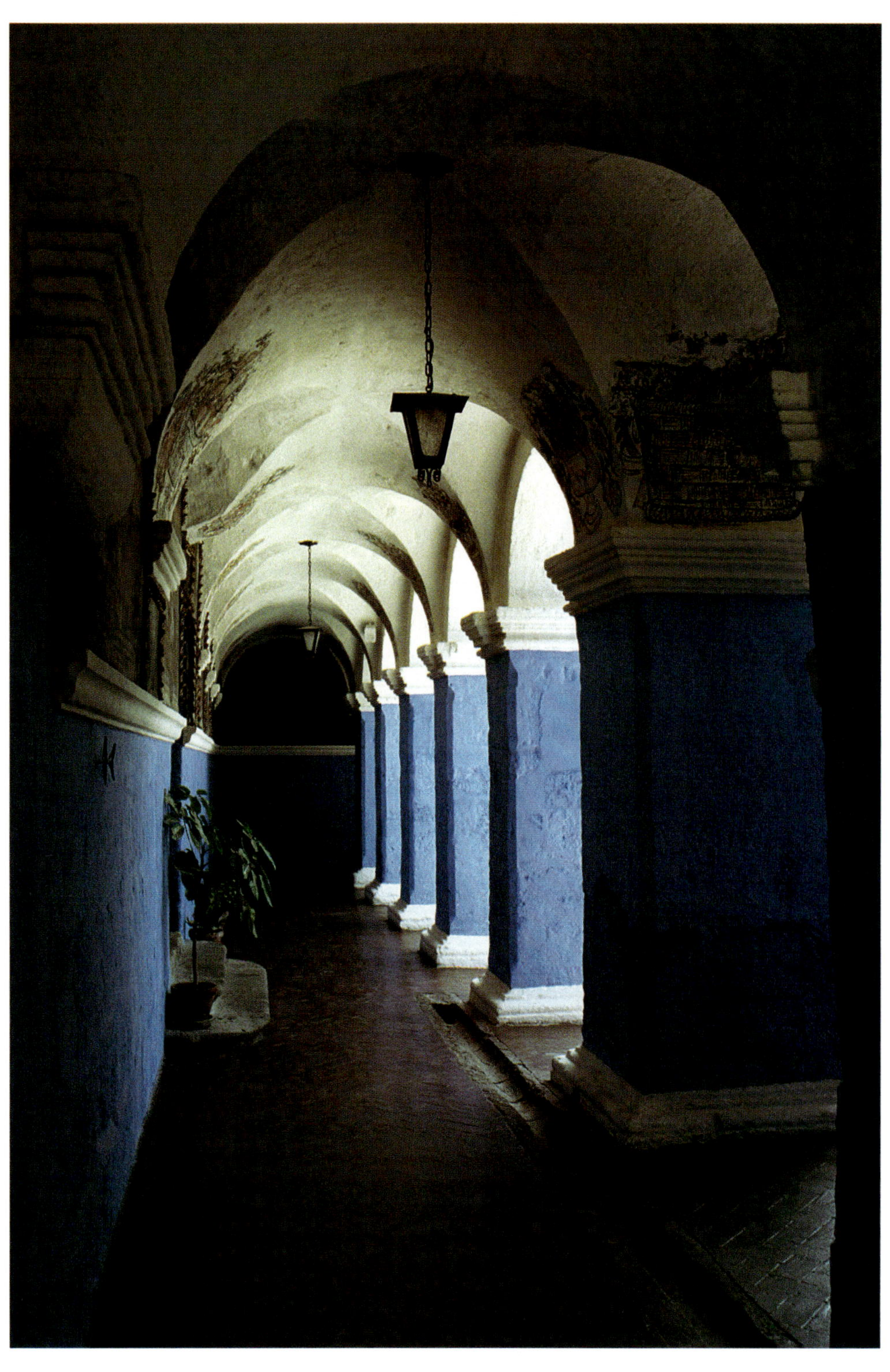

Columnas de sillar
Columnas del Claustro de los Naranjos. Monasterio de Santa Catalina. Inaugurado en **1579**. Construido en sillar, material volcánico. Ubicado en la calle Santa Catalina 301. Abierto al público en 1970.
Arequipa - PERÚ

Sillar columns
*Columns of Los Naranjos Cloister. Santa Catalina Monastery. It was inaugurated in **1579**. It was constructed in sillar, a volcanic material. It is located on 301 Santa Catalina Street. Public opening in 1970.*
Arequipa - PERU

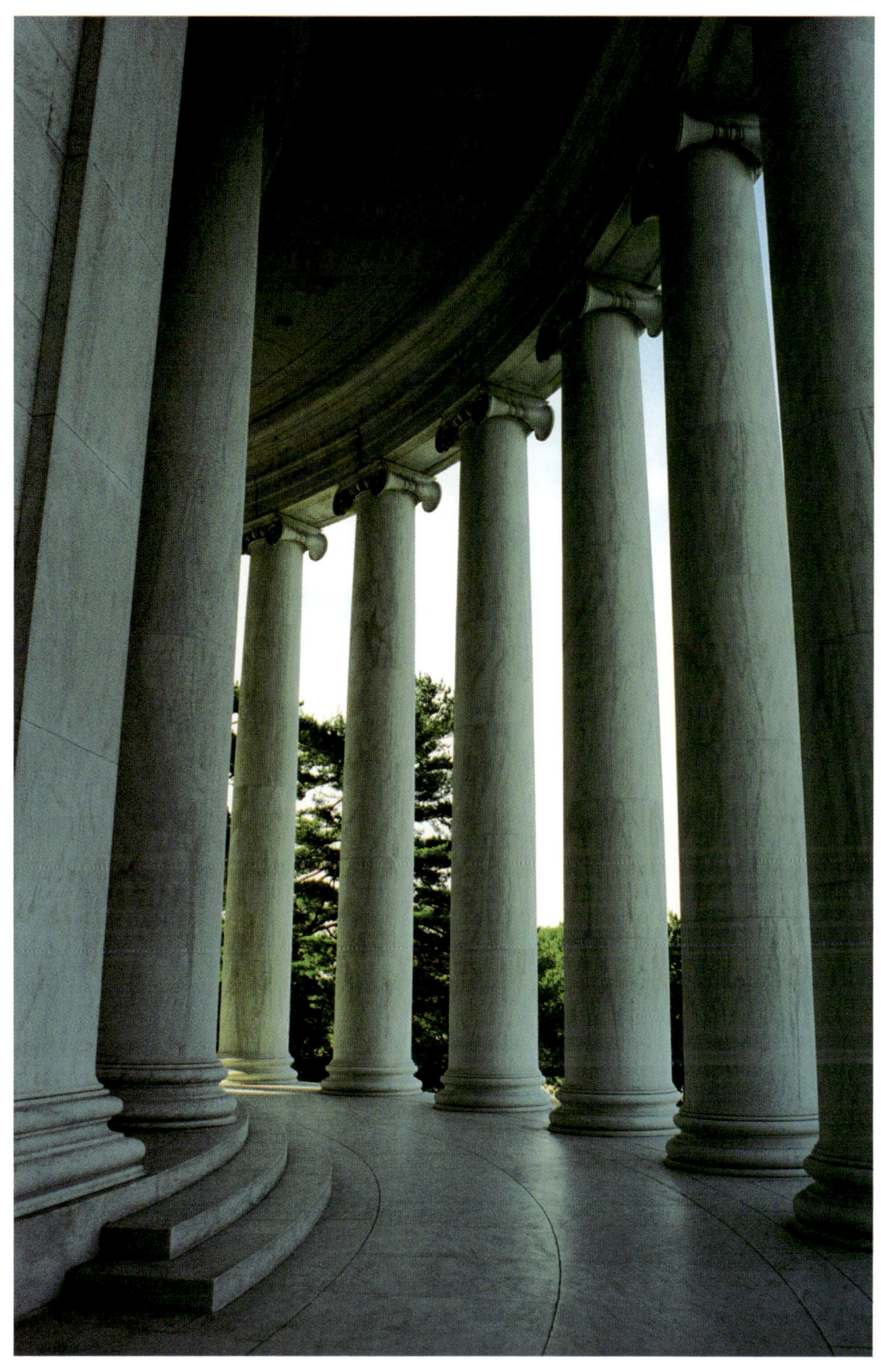

Columnas de mármol
Columnas de la estructura circular del Memorial a Thomas Jefferson. Ubicado en el estanque Tidal. Diseñado por el arquitecto John Russell Pope en estilo clásico. Inaugurado en **1943**.
Washington, D.C. - EE.UU.

Marble columns
*Circular structure columns of the Thomas Jefferson Memorial. It is placing on the Tidal Basin. It was designed by architect John Russell Pope in classical style. It was inaugurated in **1943**.*
Washington, D.C. - U.S.A.

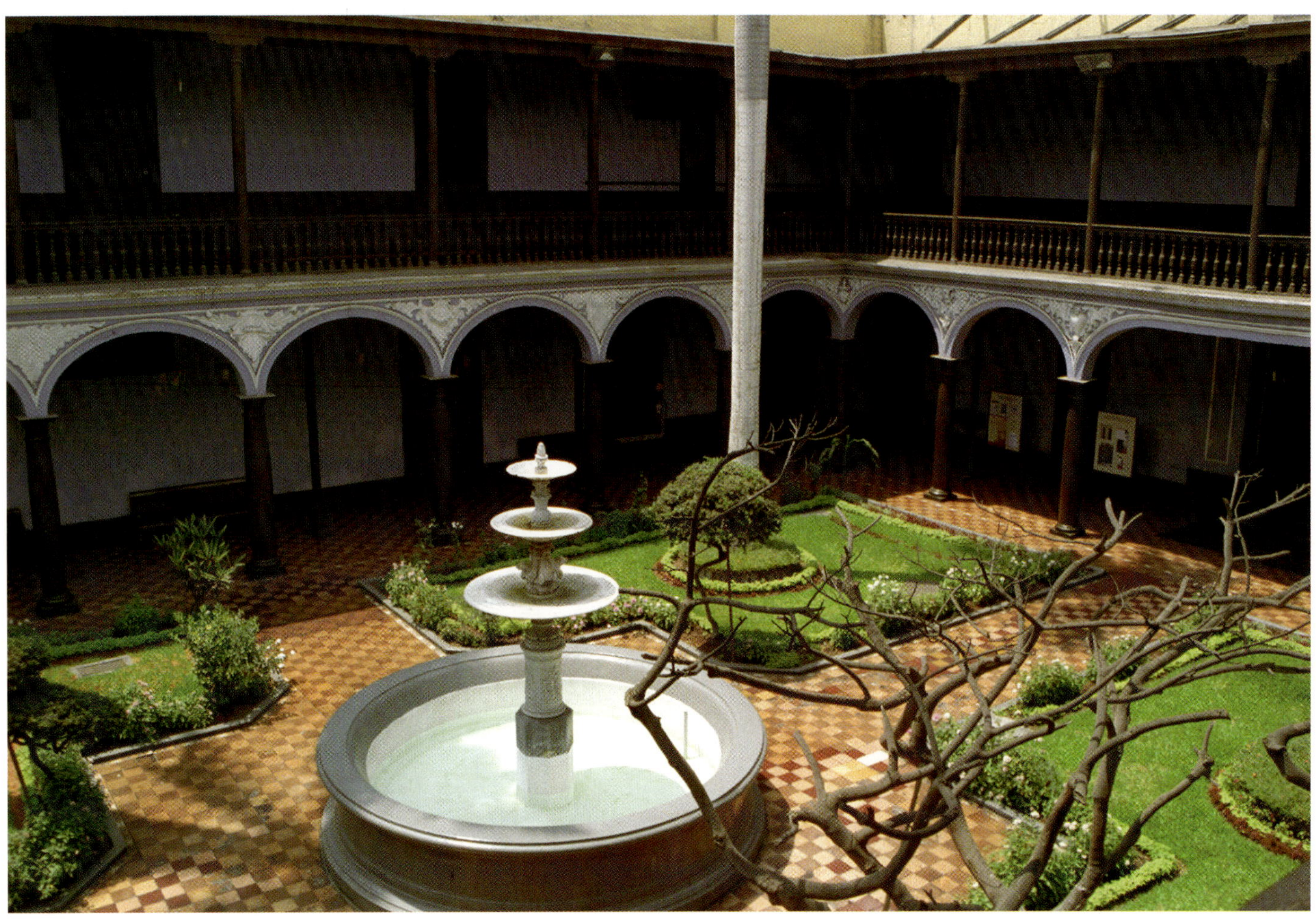

Interior Casona San Marcos
Construida por los jesuitas en 1606.
Cercado de Lima - PERÚ

San Marcos Historic House interior
It was built by Jesuits in 1606.
Cercado de Lima - PERU

Página 49
Interior edificio Plaza Madison
Fue construido en 1959.
Washington, D.C. - EE.UU.

Page 49
Madison Place building interior
It was built in 1959.
Washington, D.C. - U.S.A.

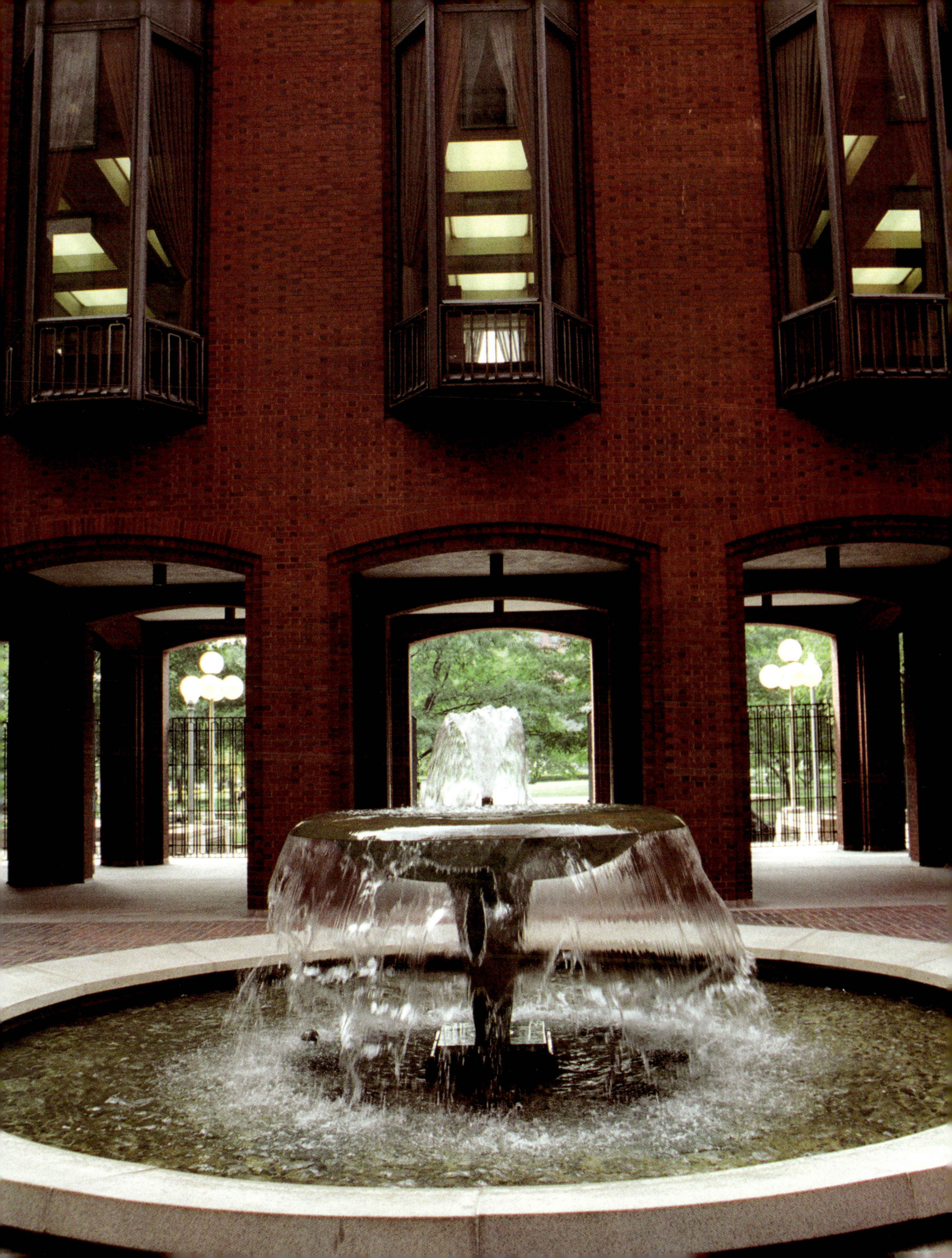

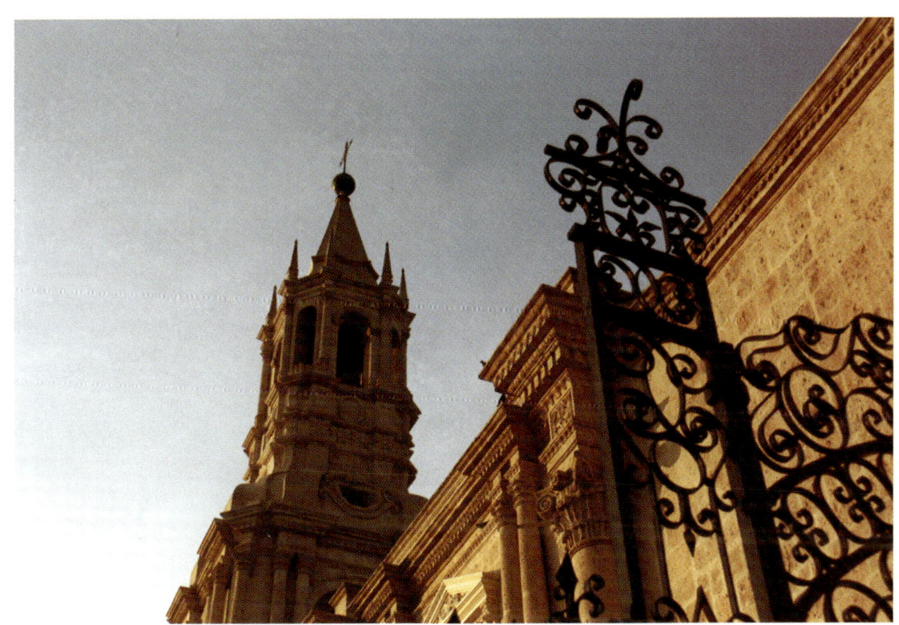

ARQUITECTURA

ARCHITECTURE

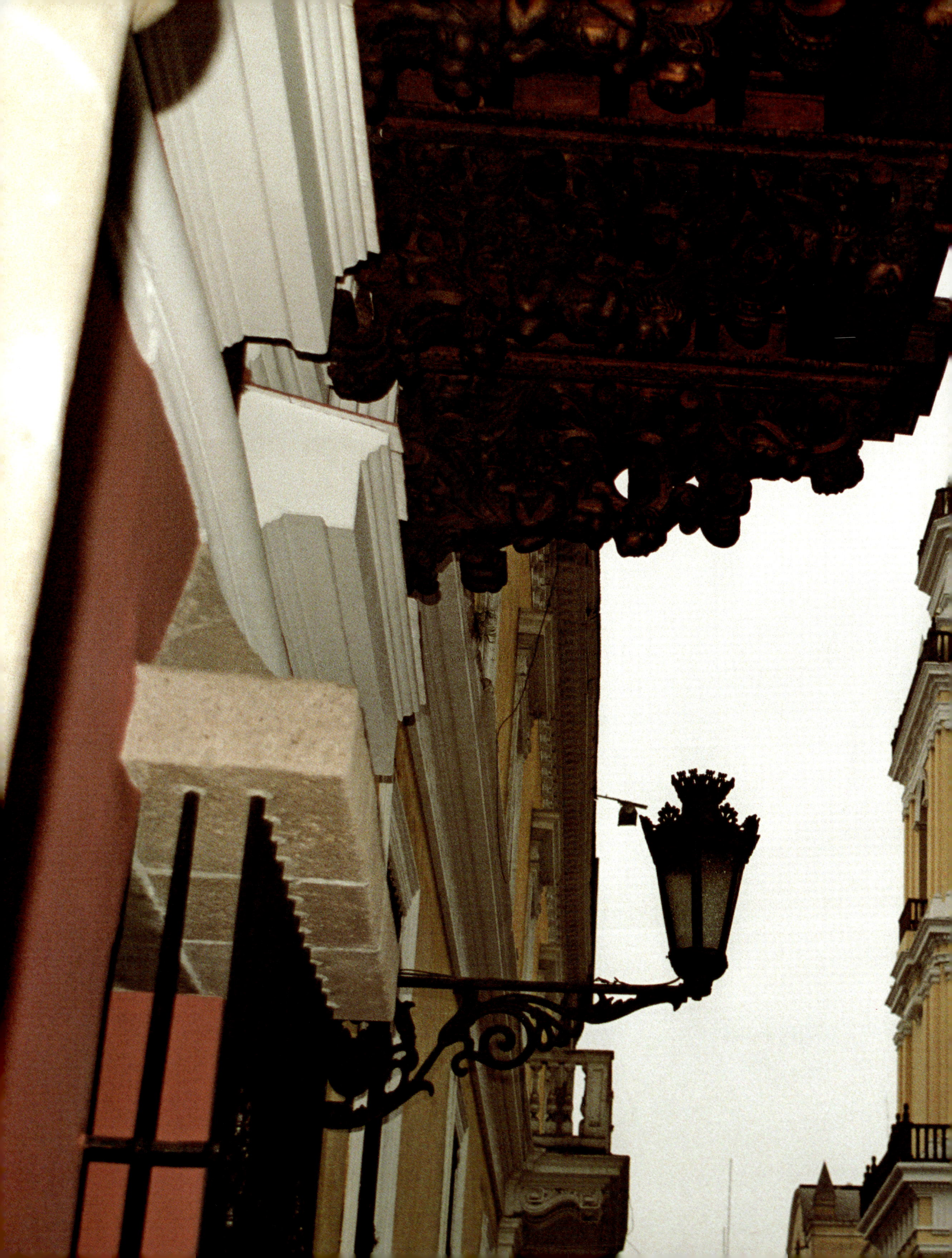

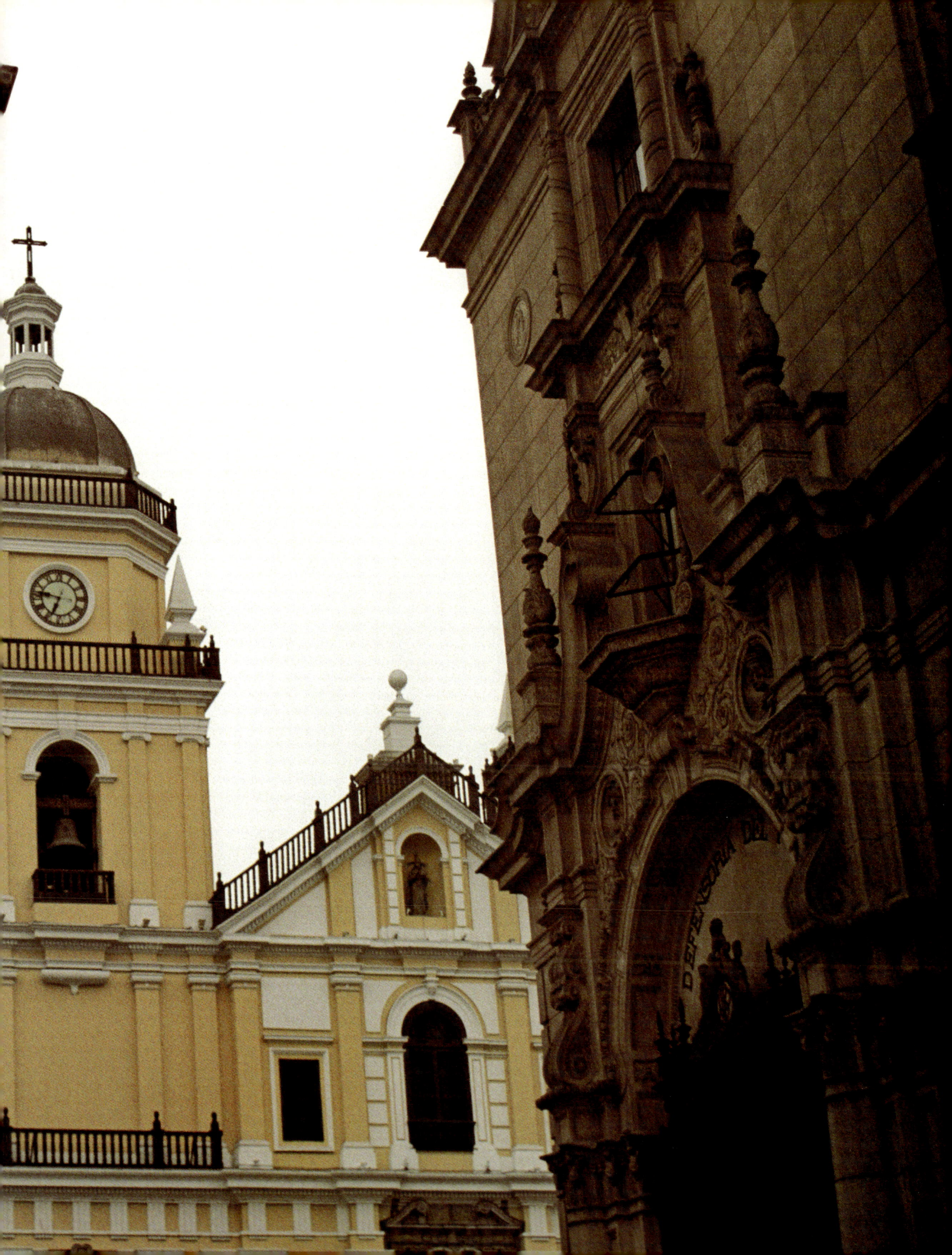

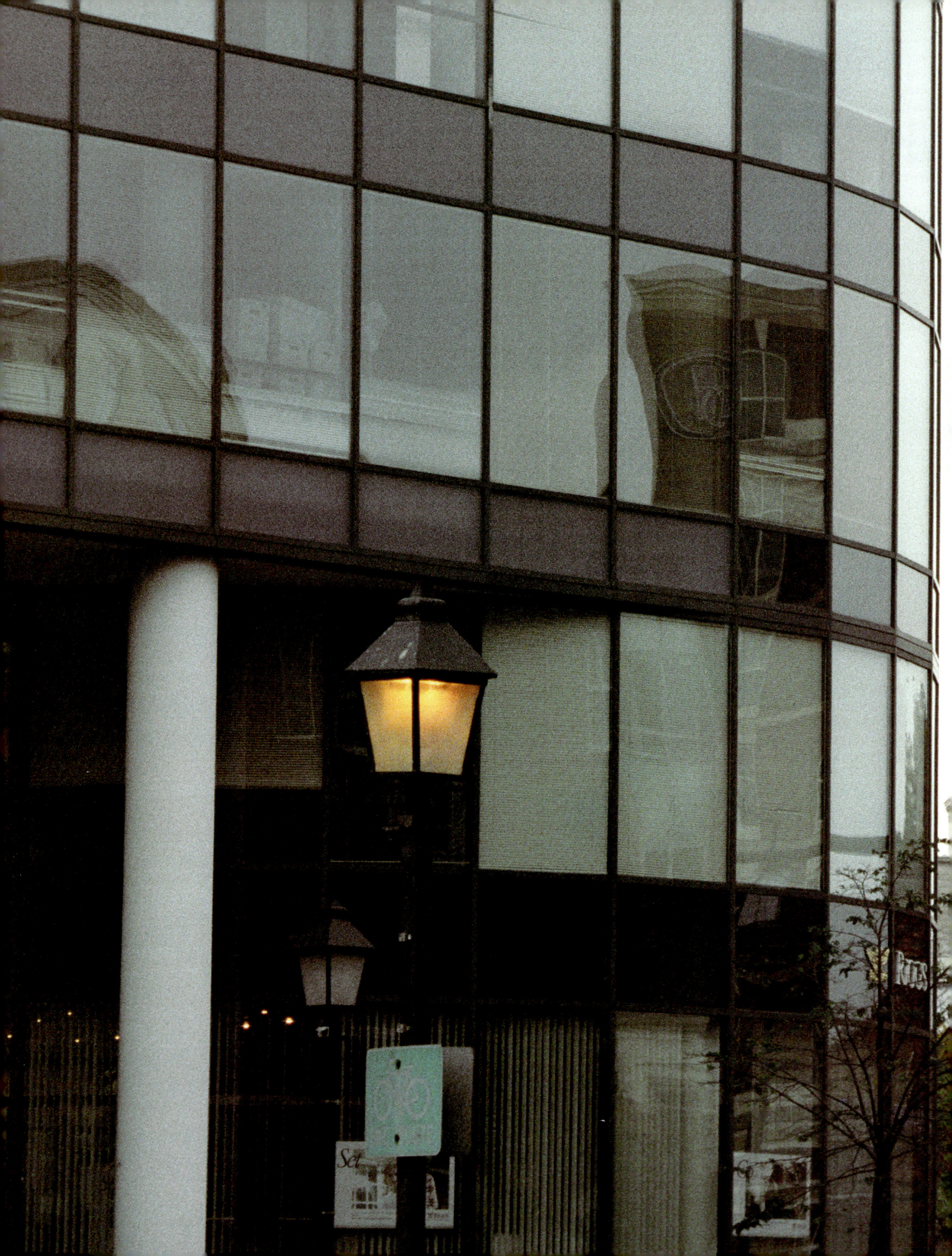

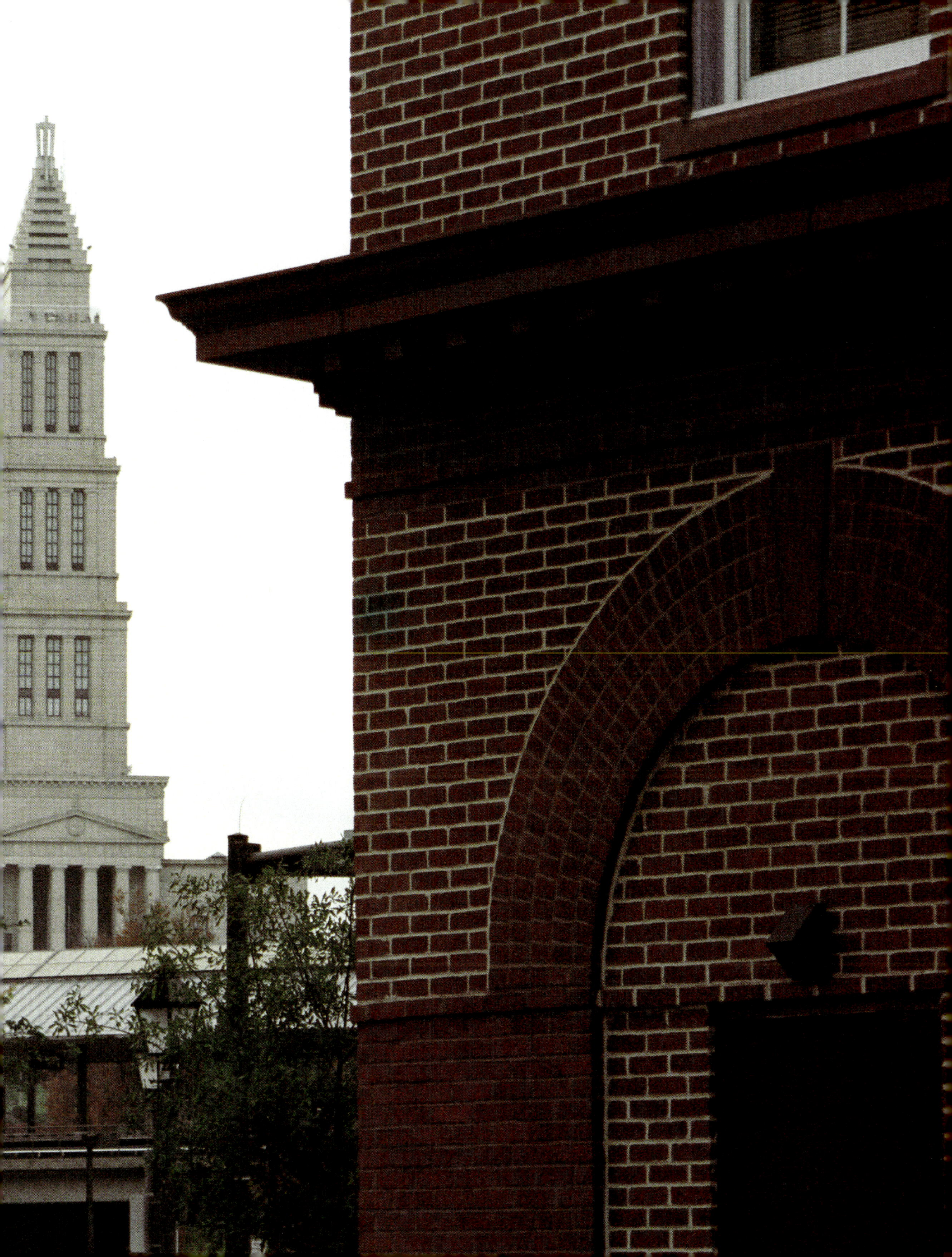

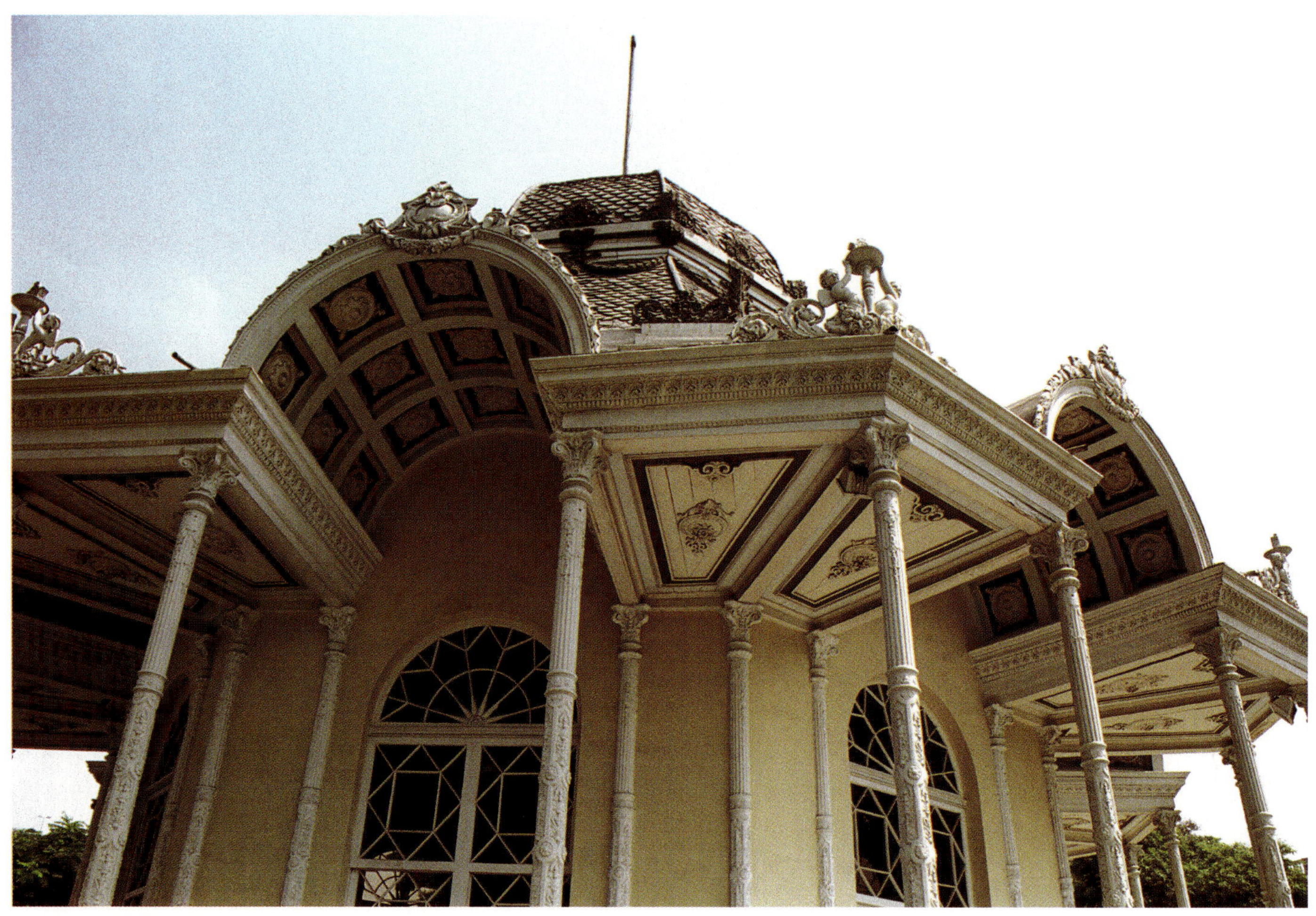

Pabellón Bizantino
Fue diseñado por el arquitecto Antonio Leonardi. Se inauguró en 1869. Está ubicado en el Parque de la Exposición.
Lima - PERÚ

Byzantine pavilion
It was designed by architect Antonio Leonardi. It was inaugurated in 1869. It is located in the Exposicion Park.
Lima - PERU

Páginas 52-53
Centro de Lima. Templo de San Pedro. Construcción jesuita diseñada por el arquitecto Martín de Aizpitarte en 1630.
Lima - PERÚ

Pages 52-53
Lima Downtown. San Pedro Temple. Jesuit construction designed by architect Martin de Aizpitarte in 1630.
Lima - PERU

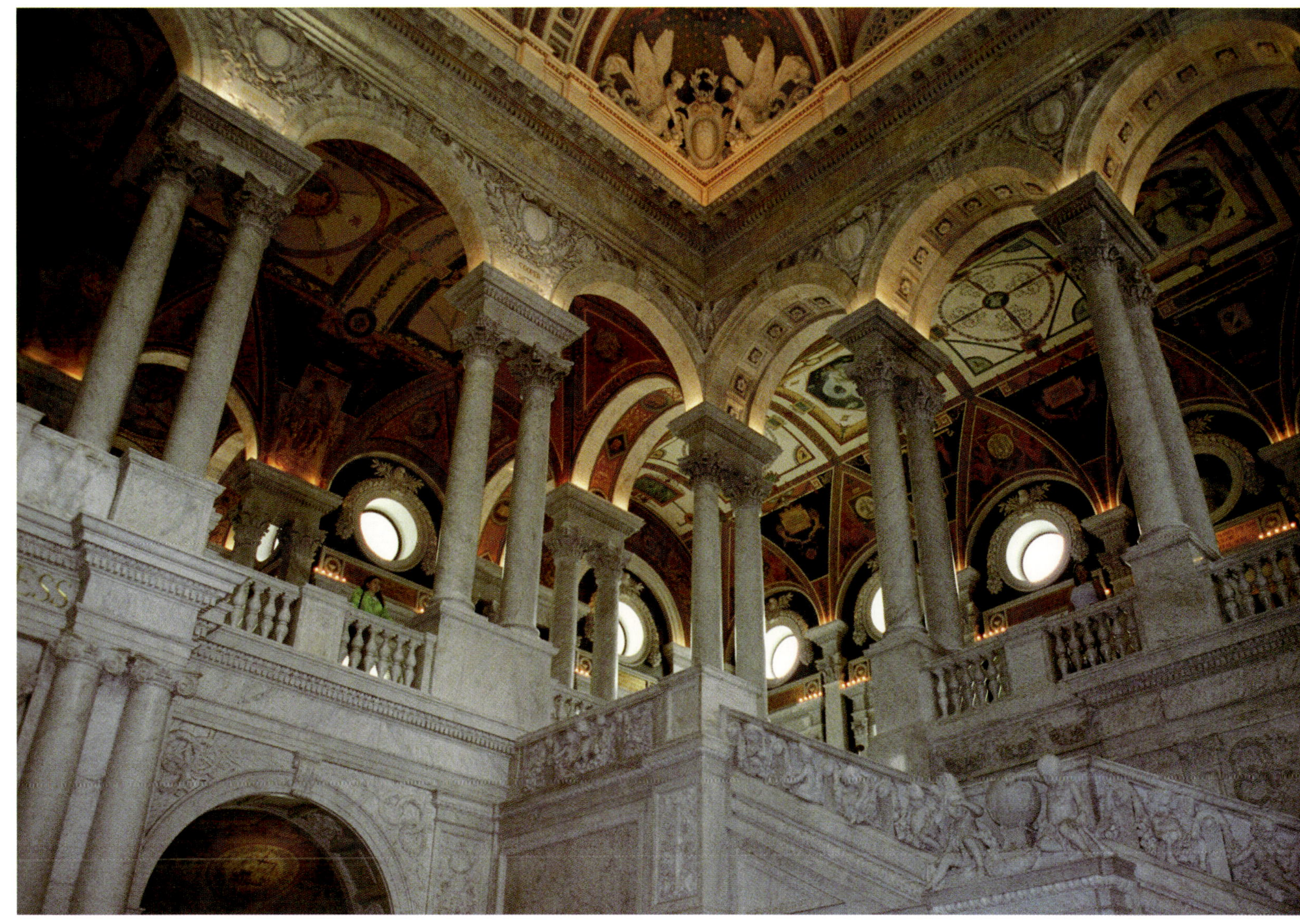

Interior de la Biblioteca del Congreso
Fue diseñado por los arquitectos John L. Smithmeyer y Paul J. Pelz en estilo renacentista italiano. Abierto al público en **1894**.
Washington, D.C. - EE.UU.

Library of Congress interior
*It was designed by architects John L. Smithmeyer and Paul J. Pelz in the style of the Italian Renaissance. It was opened to the public in **1894**.*
Washington, D.C. - U.S.A.

Páginas 54-55
Centro de Alexandria. Memorial Nacional Masónico está ubicado en la colina Shooters. Edificio de concreto que tiene 51.2 metros de ancho, 75.6 metros de largo, y 101.5 metros de altura. Fue abierto al público en **1932**.
Virginia - EE.UU.

Pages 54-55
*Alexandria Downtown. Masonic National Memorial is located on Shooters Hill. It is 168 feet wide, 248 feet long and 333 feet high concrete building. It was opened to the public in **1932**.*
Virginia - U.S.A.

Casas de La Punta
Casas de madera de estilo republicano construidas en 1890. Ubicadas en la calle Medina 215-217 en el distrito de La Punta.
Callao - Lima - PERÚ

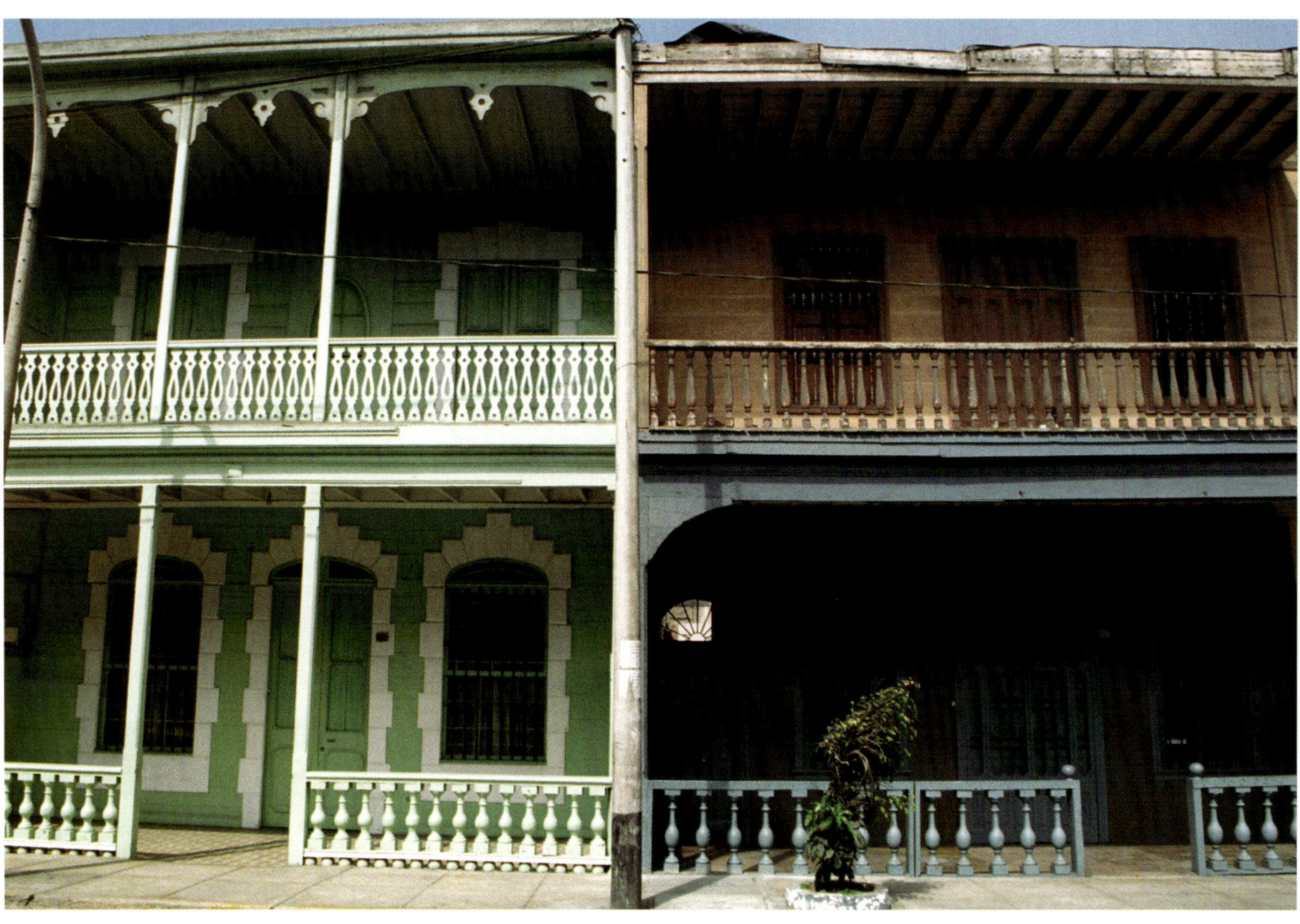

La Punta residences
Wooden residences in the Republican style built in 1890. They are located on 215-217 Medina Sreet at La Punta District.
Callao - Lima - PERU

Casas de Alexandria
Casas de estilo italiano, de dos pisos, construidas con armazón de madera en **1885**. Ubicadas en la calle Duke 110-112-114 en la ciudad de Alexandria.
Virginia del Norte - EE.UU.

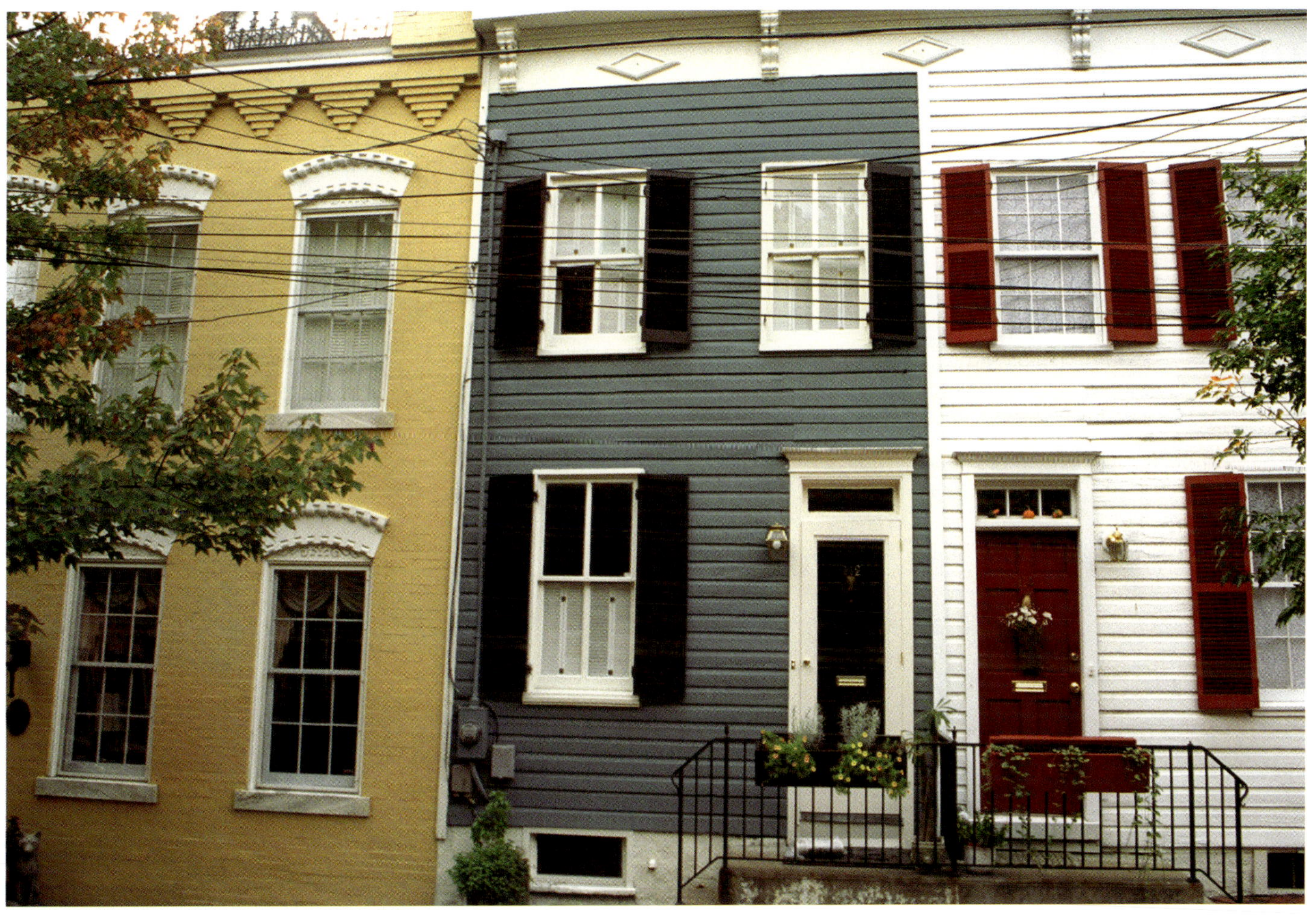

Alexandria residences
*Wooden and Italianate-two-story frame residences built in **1885**. They are located in 110-112-114 Duke Street in Alexandria City.*
Northern Virginia - U.S.A.

Arquerías y patio interior
Claustro del Convento Santo Domingo construido por Salvador de Rivera en 1541. Estilo barroco con influencias moriscas.
Lima - PERÚ

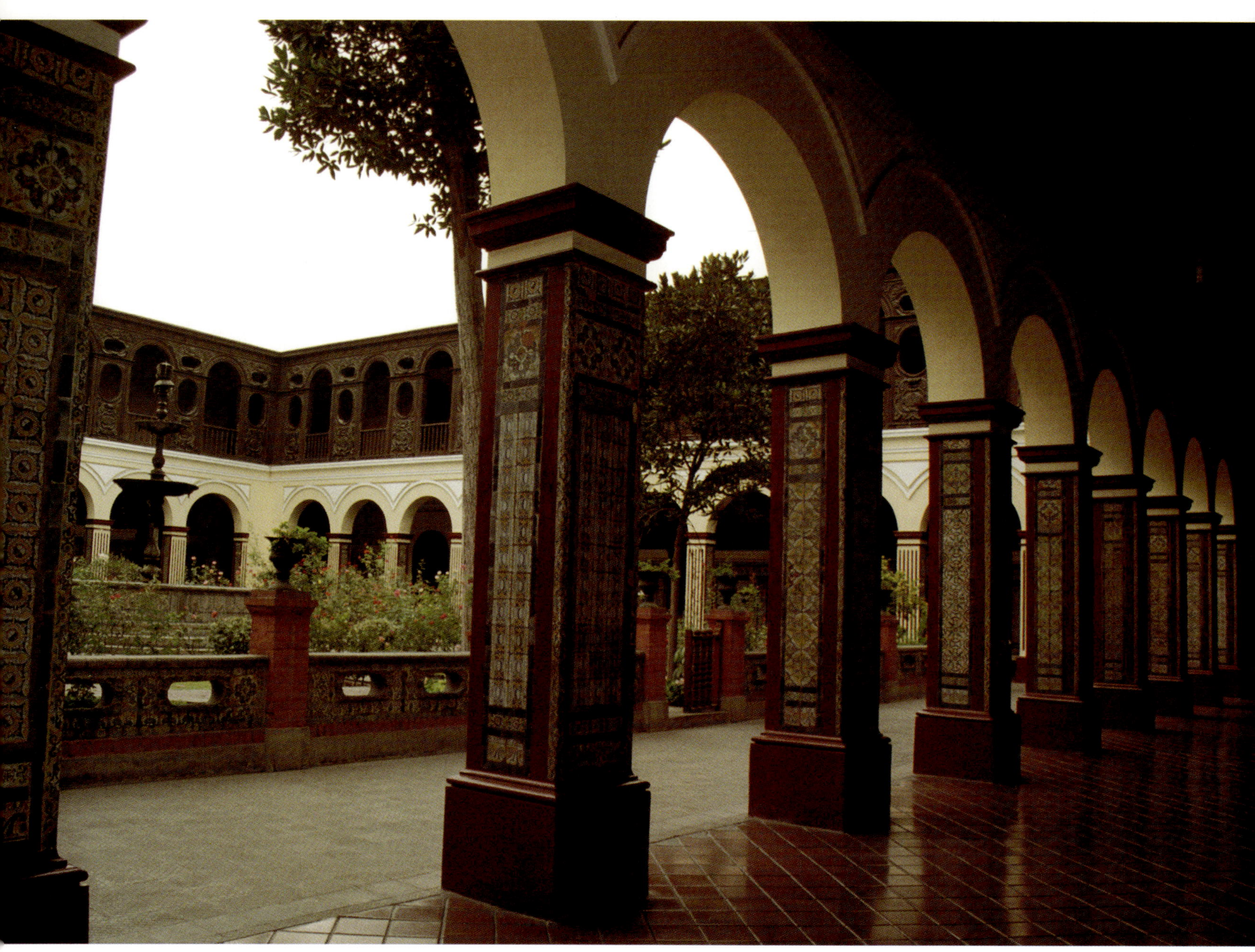

Arcades and interior patio
Cloister of Santo Domingo Convent built by Salvador de Rivera in 1541. It has Baroque style with Moresque influence.
Lima - PERU

Patio interior y arquerías
Museo Nacional de la Construcción fue diseñado por el ingeniero civil Montgomery Meigs. Ocho columnas corintias interiores, las más altas del mundo, circundan el Gran Hall. La construcción fue terminada en **1887**. Washington, D.C. - Virginia - EE.UU.

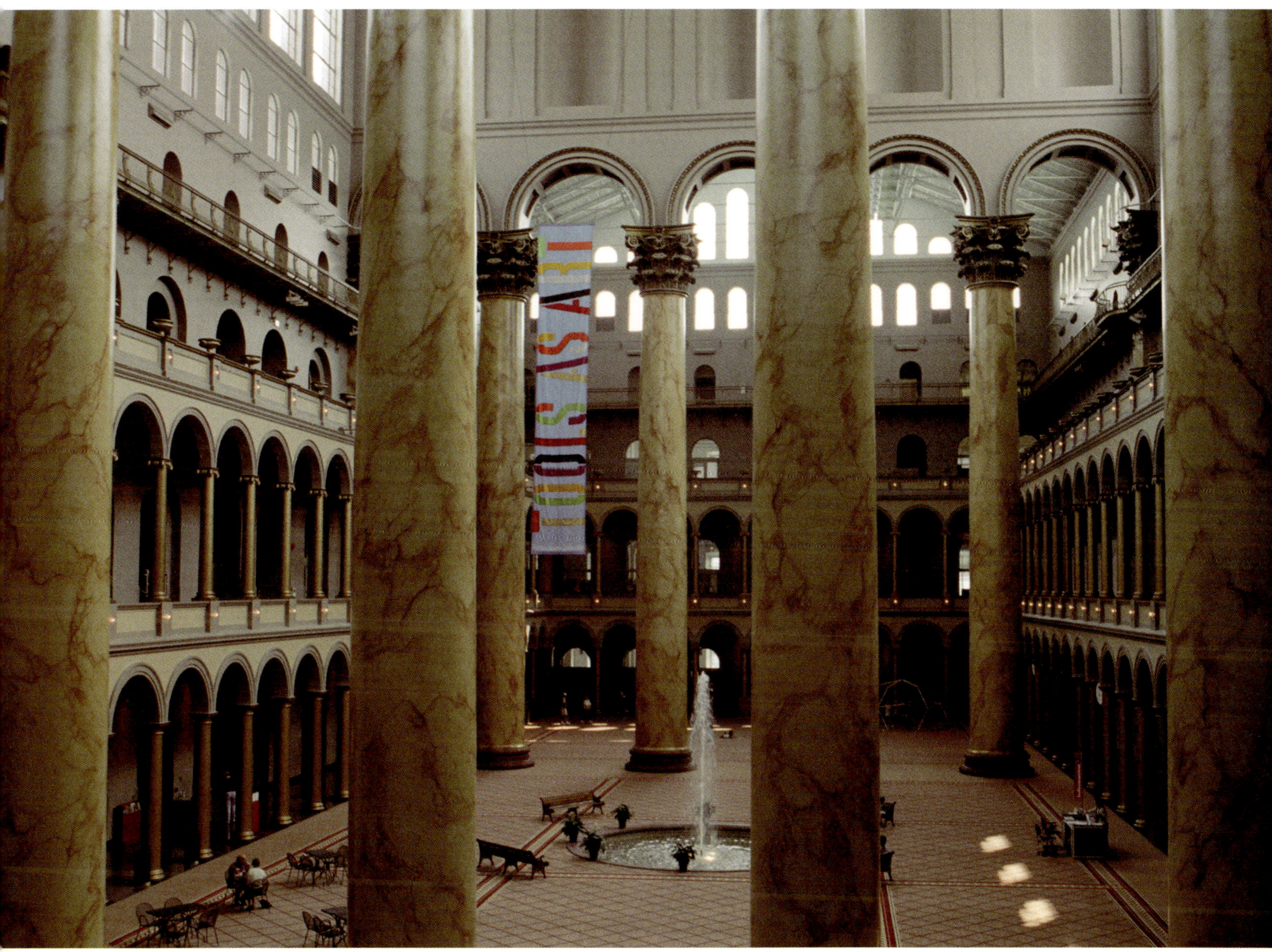

Interior patio and arcades
*National Building Museum was designed the by engineer Montgomery Meigs. Eight Corinthian columns, the tallest interior columns in the world, are centered in the Great Hall. Its construction was completed in **1887**. Washington, D.C. - Virginia - U.S.A.*

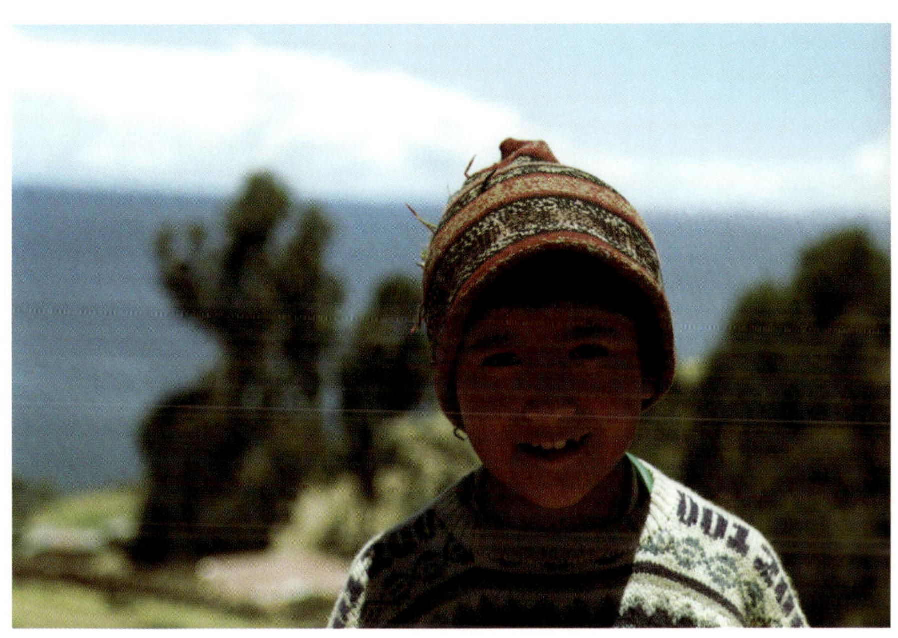

GENTE

———

PEOPLE

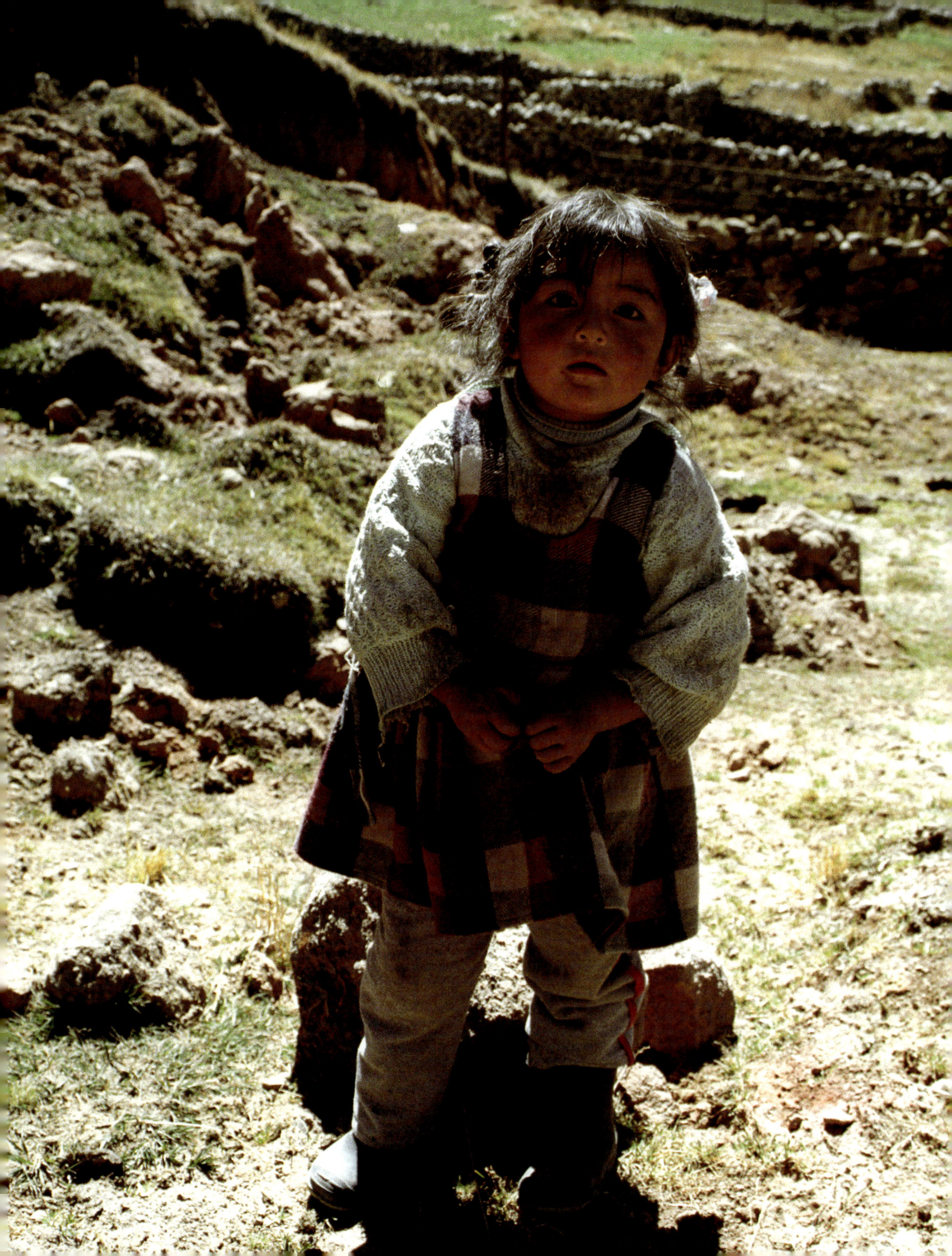

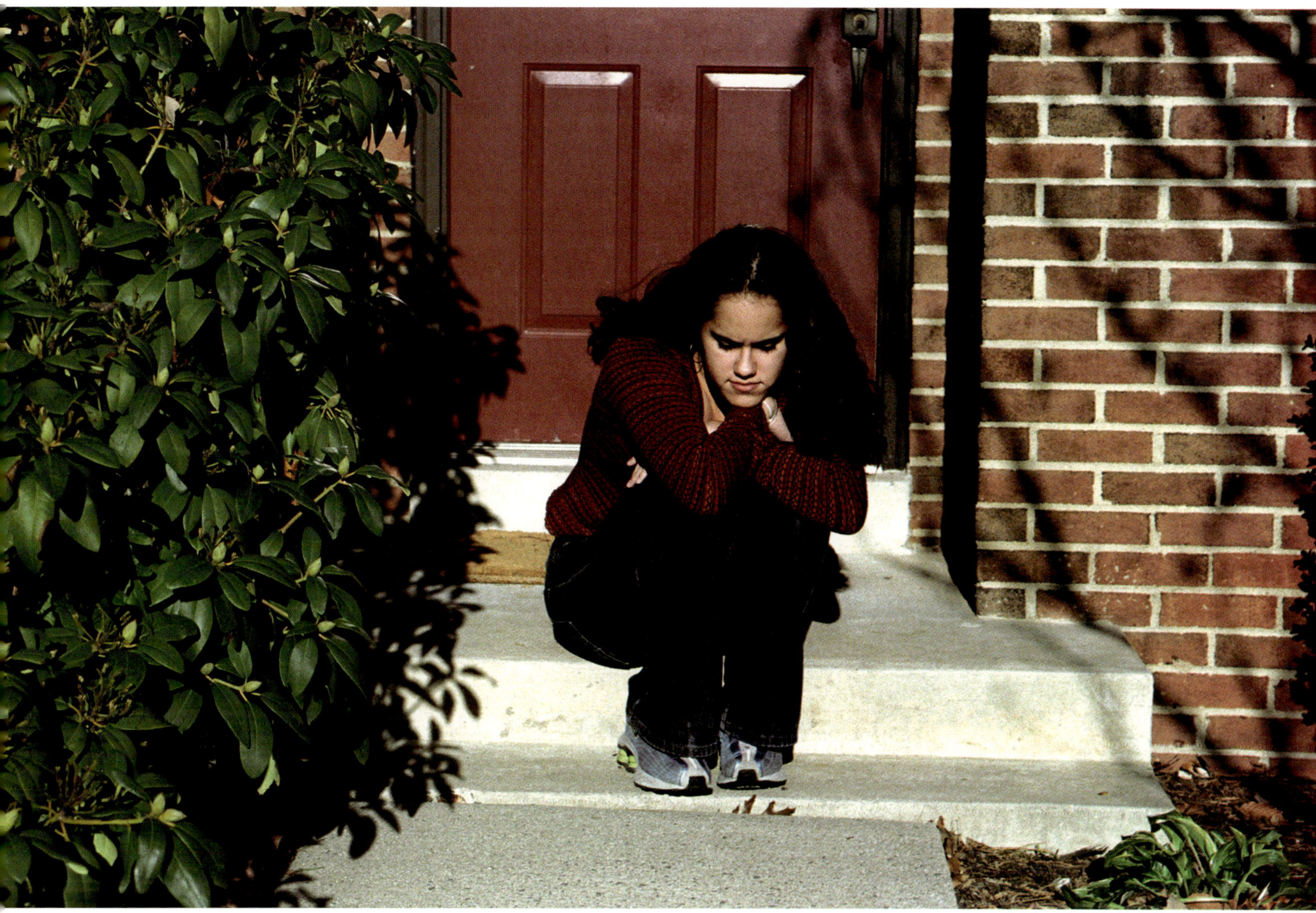

Jessica Aysanoa
Joven americana y su medio.
Springfield - Virginia - EE.UU.

Jessica Aysanoa
American girl and her environment.
Springfield - Virginia - U.S.A.

Página 64
Edith Luis
Niña de los Andes y su medio.
Ticlio Chico - Pasco - PERÚ

Page 64
Edith Luis
Andean girl and her environment.
Ticlio Chico - Pasco - PERU

Una raza
Grupo de niños de los Andes.
Tulluraica - Cerro de Pasco - PERÚ

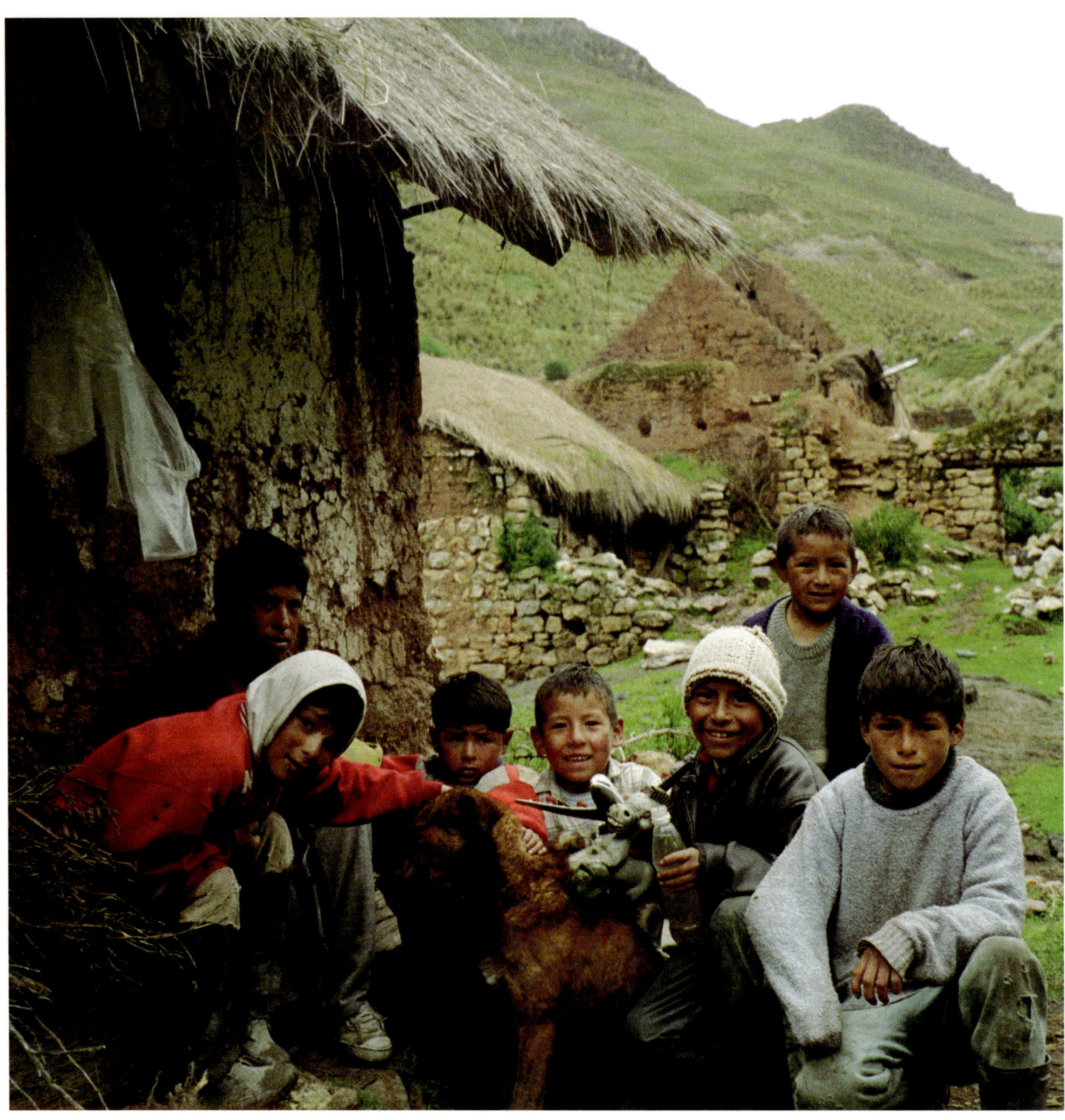

One race
Group of Andean children.
Tulluraica - Cerro de Pasco - PERU

Razas diferentes
Grupo de niños americanos.
Washington, D.C. - EE.UU.

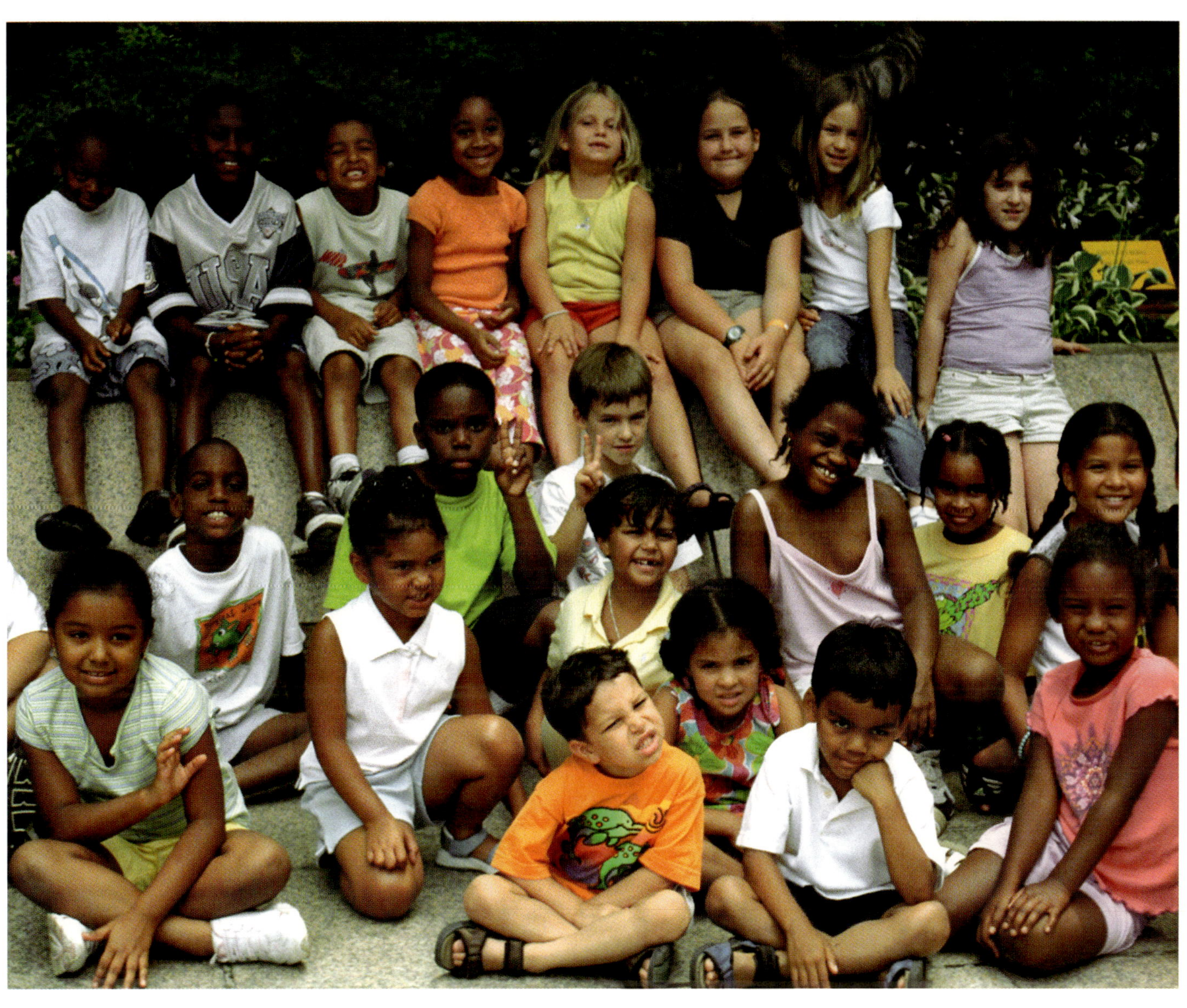

Different races
Group of American children.
Washington, D.C. - U.S.A.

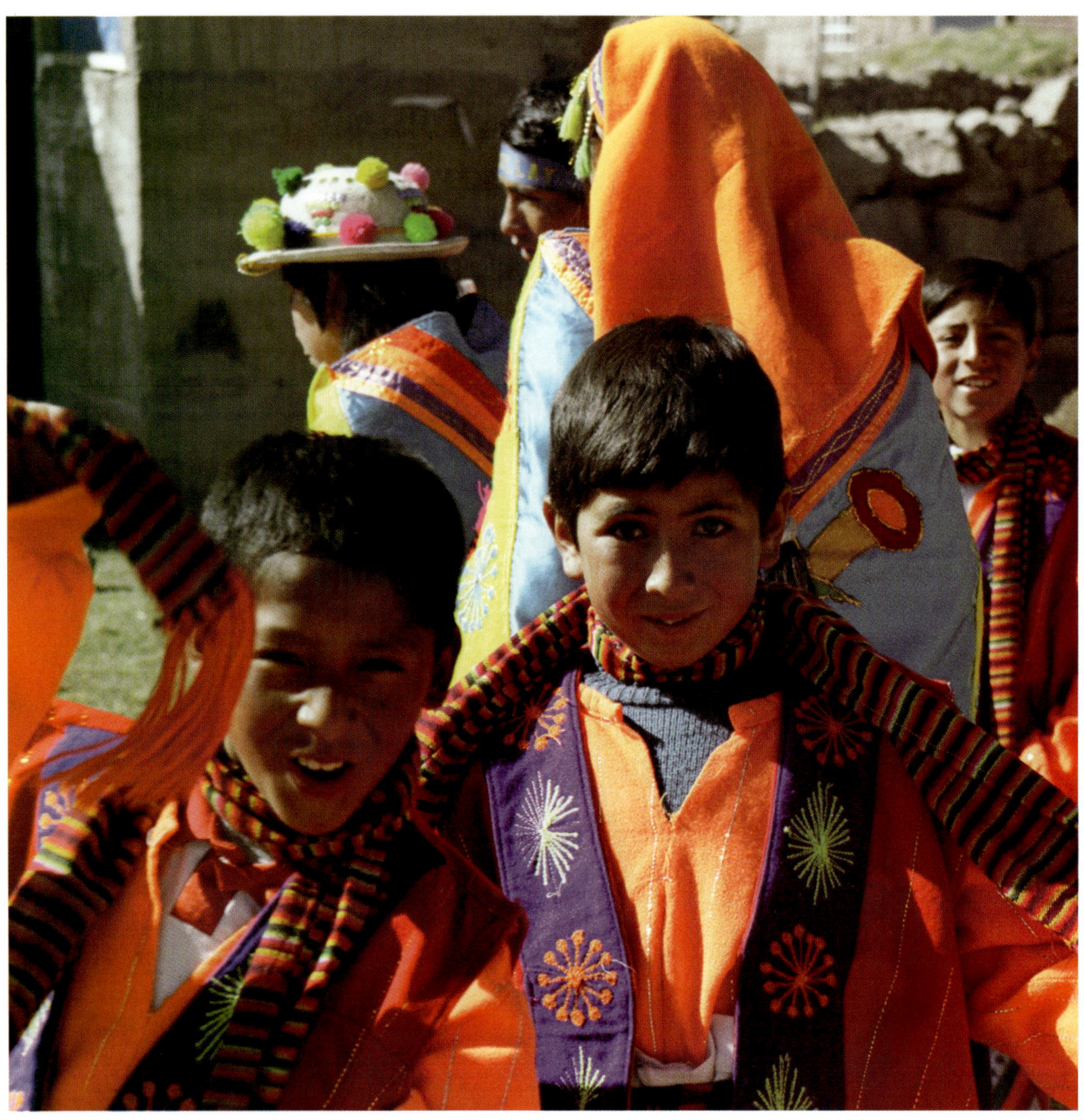

Niños en trajes de Huasillay
Huayllay - Pasco - PERÚ

Children in Huasillay costumes
Huayllay - Pasco - PERU

Páginas 70-71
Jóvenes estudiantes
Puno - PERÚ

Pages 70-71
Young students
Puno - PERU

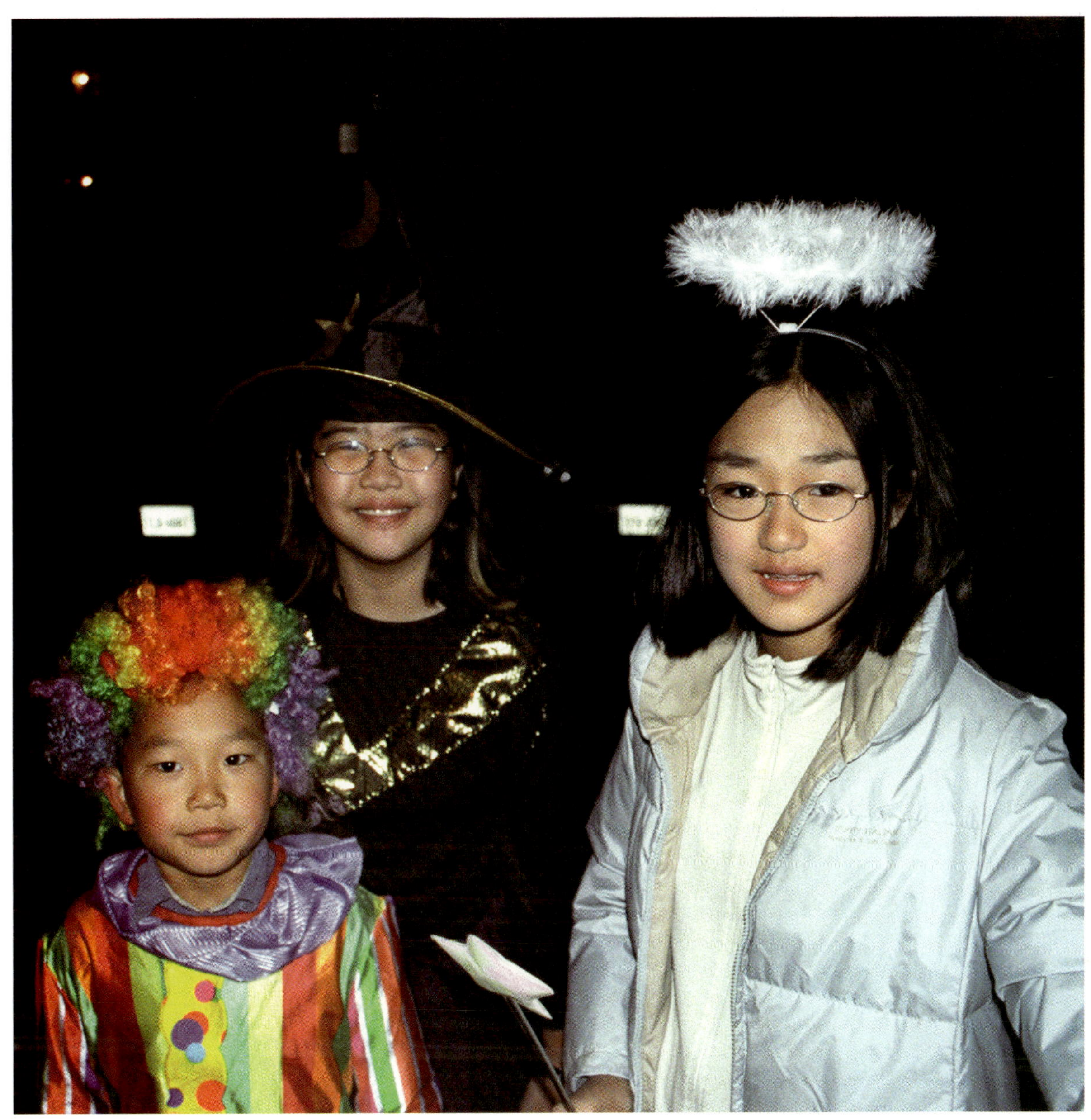

Niñas en trajes de Halloween
Burke - Virginia - EE.UU.

Girls in Halloween costumes
Burke - Virginia - U.S.A.

Páginas 72-73
Joven en la calle
Washington, D.C. - EE.UU.

Pages 72-73
Young man on the street
Washington, D.C. - U.S.A.

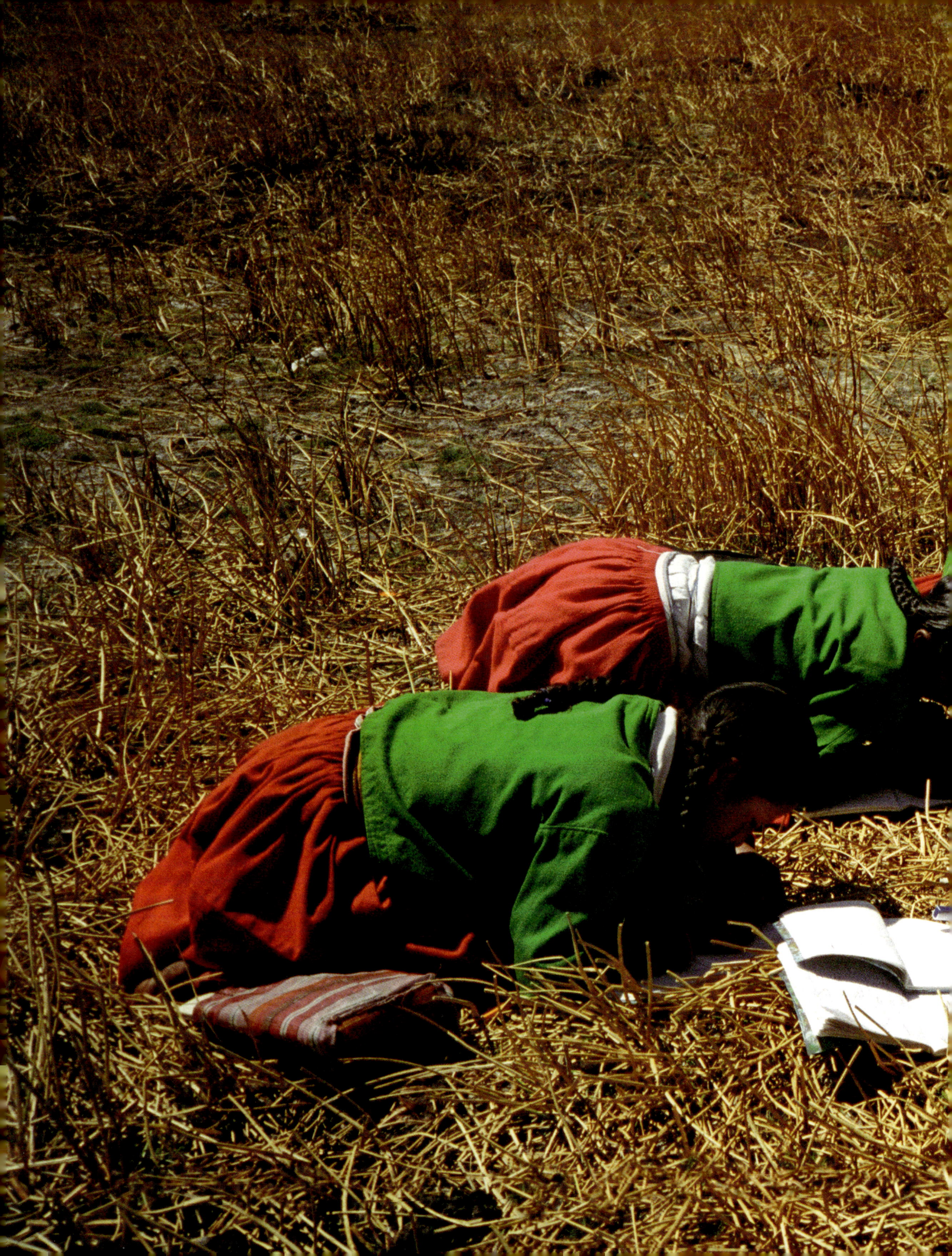

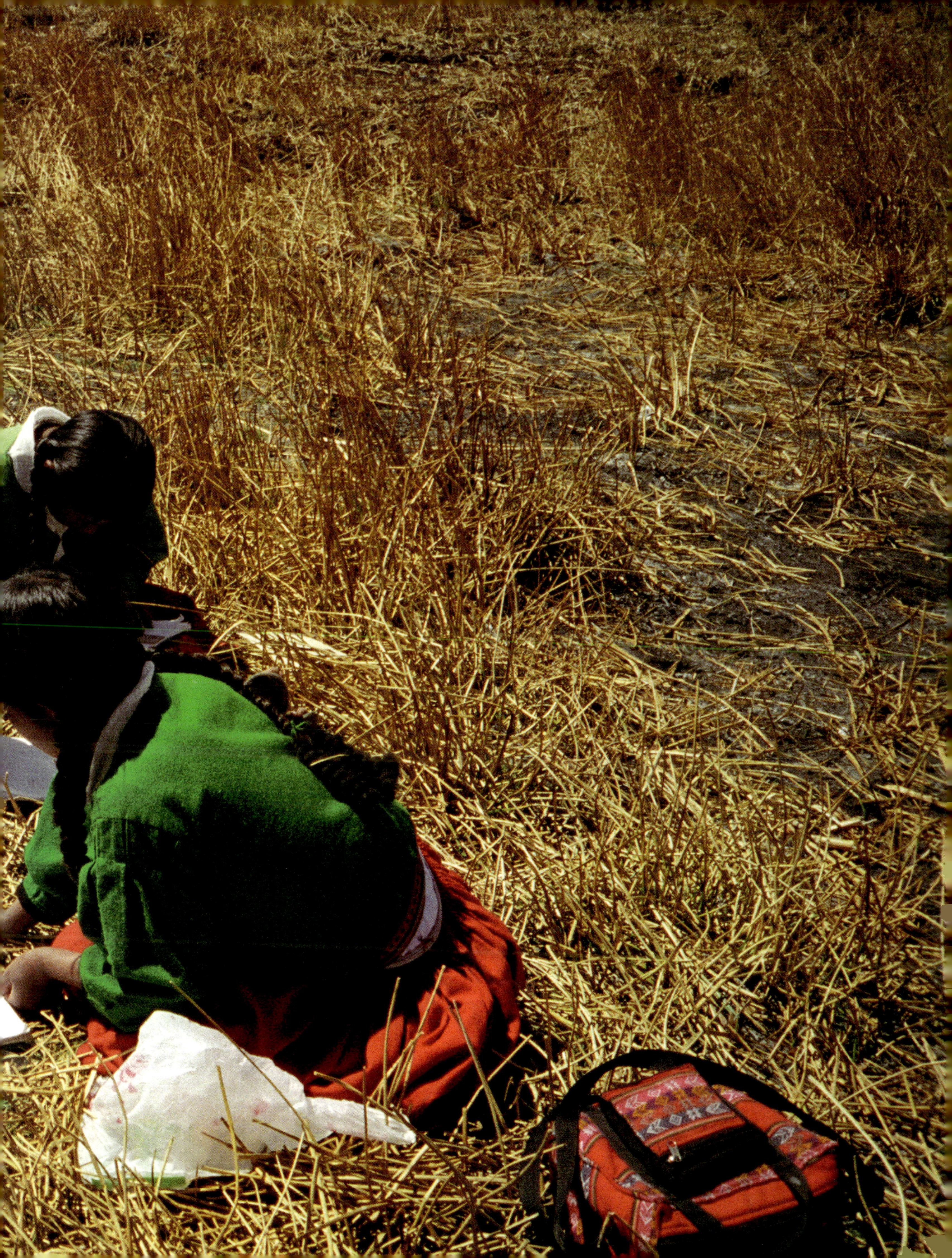

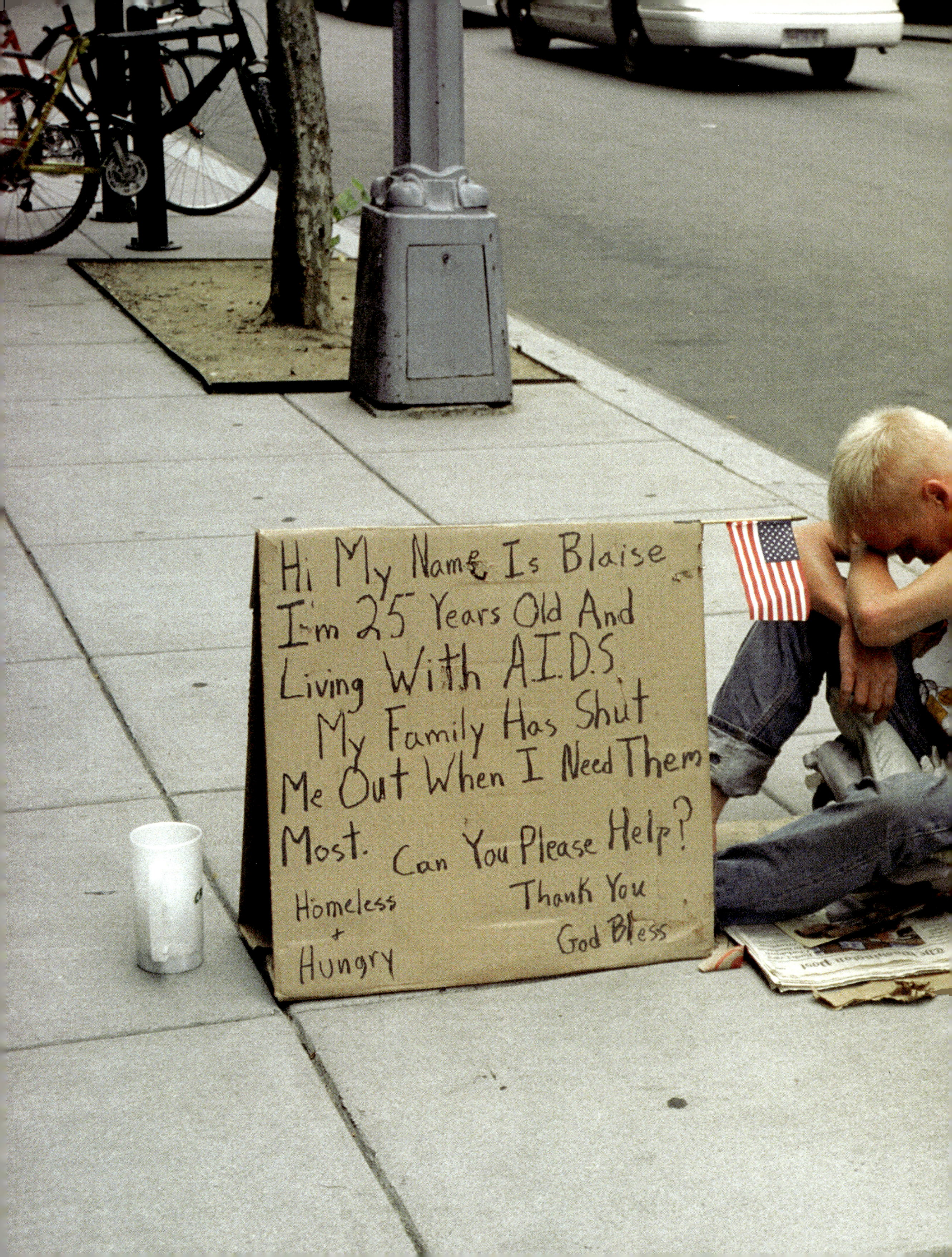
Hi My Name Is Blaise
I'm 25 Years Old And
Living With A.I.D.S.
My Family Has Shut
Me Out When I Need Them
Most. Can You Please Help?
Homeless
+
Hungry
Thank You
God Bless

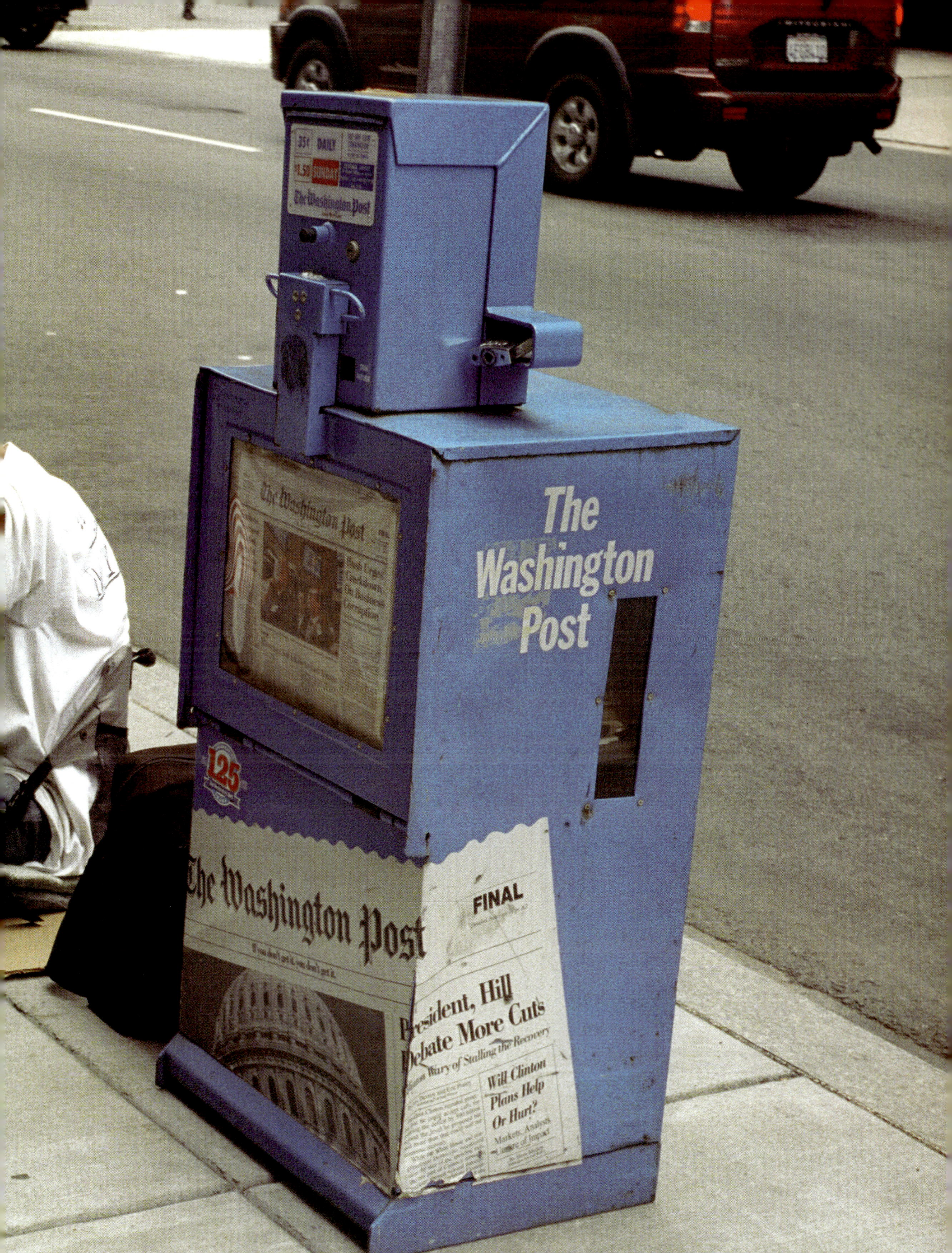

35¢ DAILY
$1.50 SUNDAY
The Washington Post
The
Washington
Post
The Washington Post
Bush Urges Crackdown On Business Corruption
125
The Washington Post
If you don't get it, you don't get it.
FINAL
President, Hill Debate More Cuts
Wary of Stalling the Recovery
Will Clinton Plans Help Or Hurt?
Market Analysis

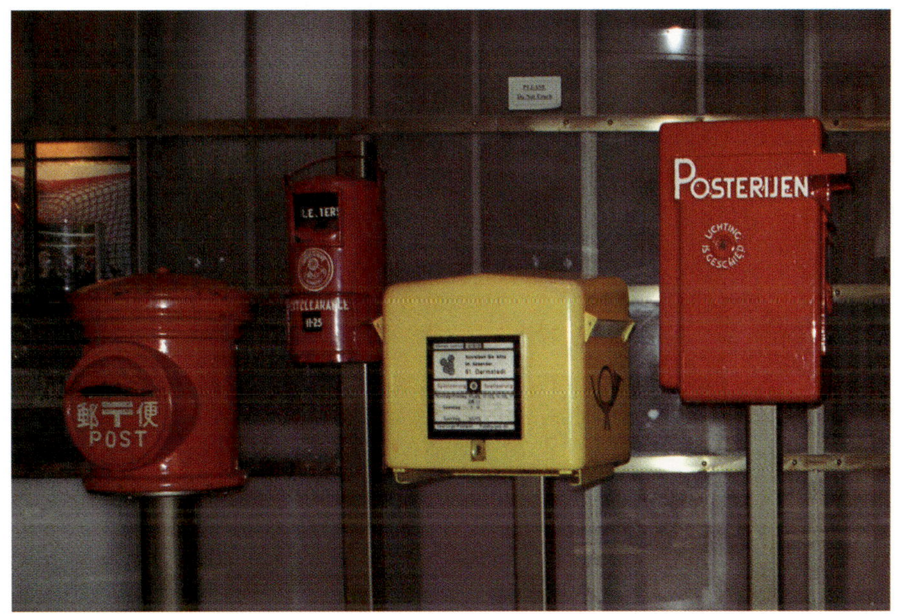

MOBILIARIO URBANO

URBAN FURNITURE

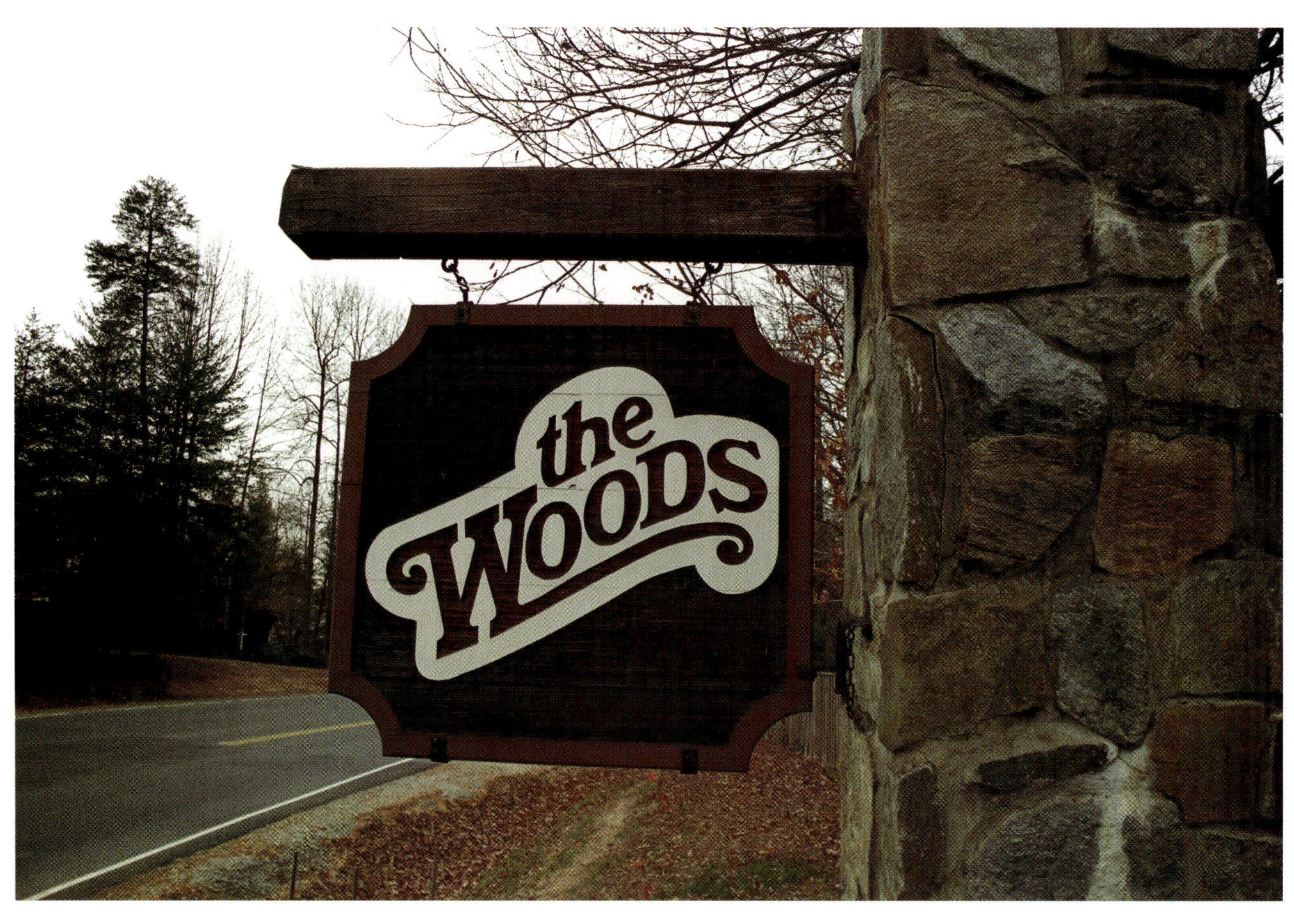

the
WOODS

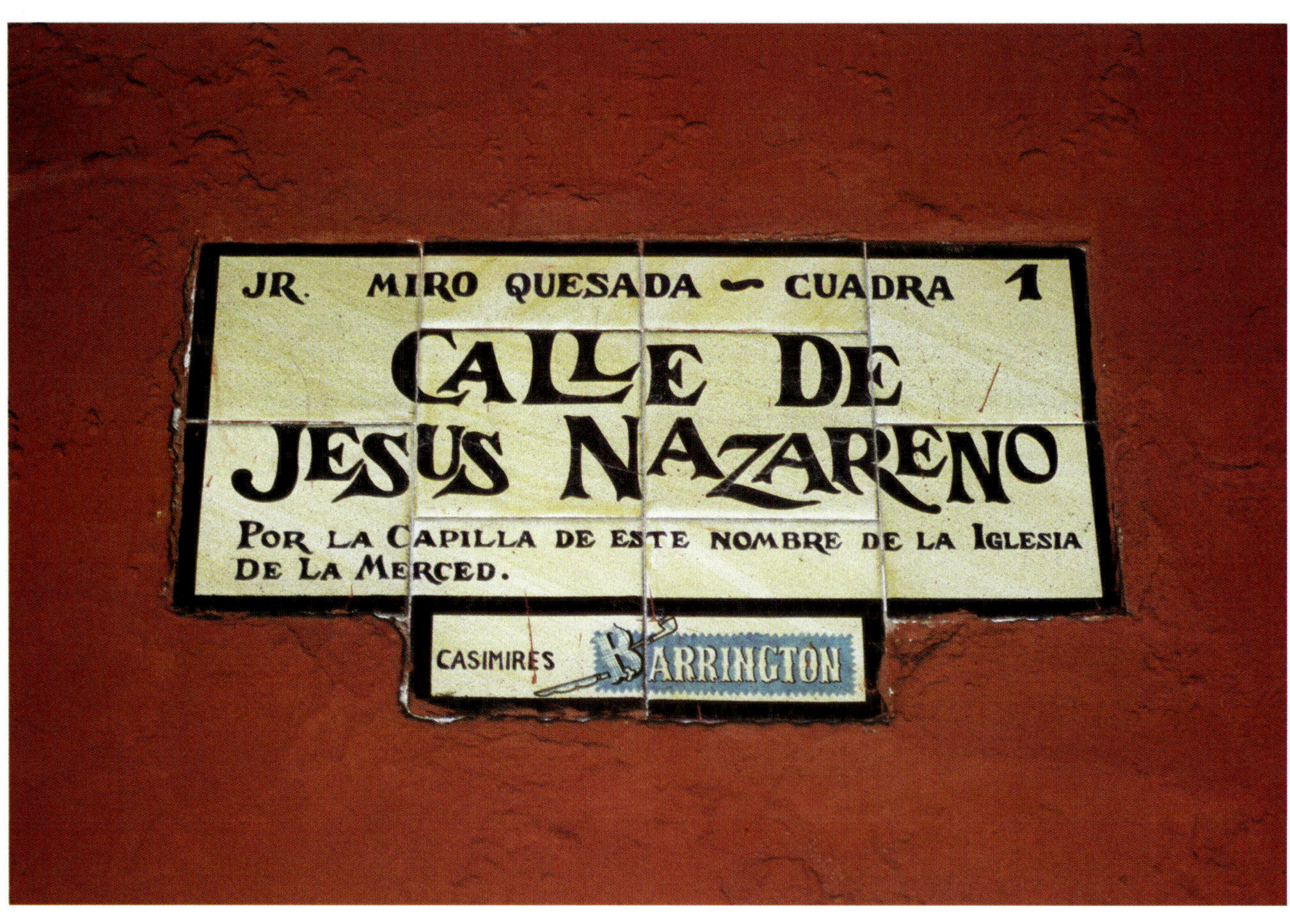

JR. MIRO QUESADA — CUADRA 1
CALLE DE
JESUS NAZARENO
POR LA CAPILLA DE ESTE NOMBRE DE LA IGLESIA
DE LA MERCED.
CASIMIRES BARRINGTON

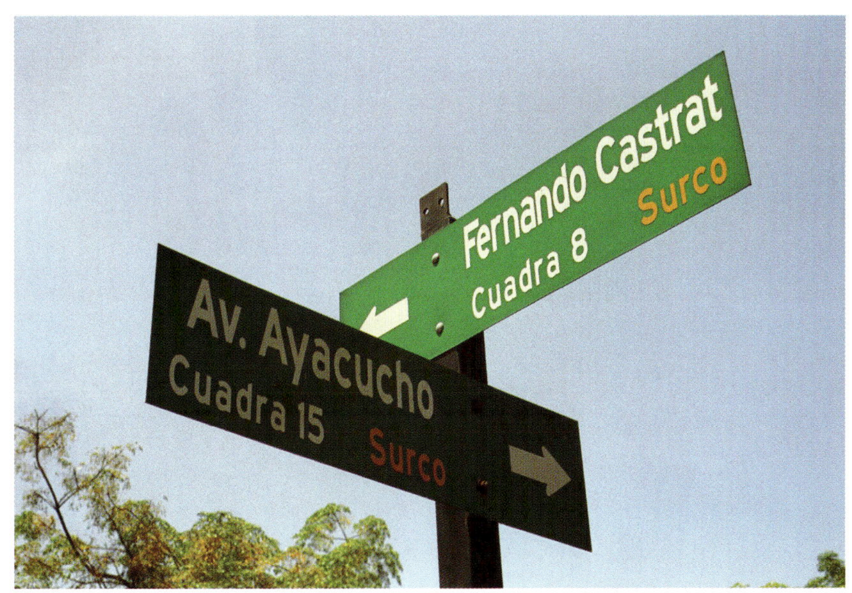

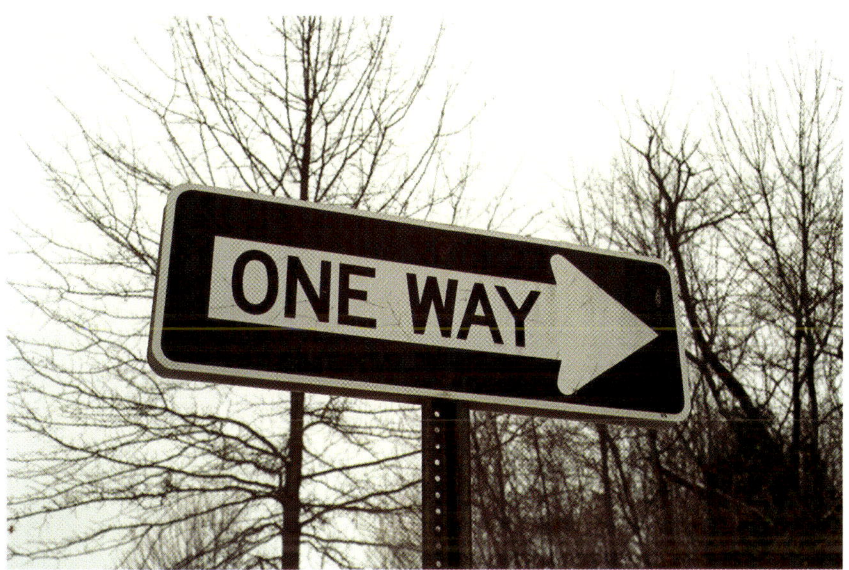

Letreros de calle en verano
Letreros de calle hechos en 2002, ubicados en la avenida
Ayacucho 1500.
Santiago de Surco - Lima – PERÚ

Street signs in summer
Street signs made in 2002, located on 1500 Ayacucho Avenue.
Santiago de Surco - Lima - PERU

Letrero vial en invierno
Letrero vial hecho en 1976 y ubicado en la calle Mason Bluff.
Burke - Virginia - EE.UU.

Road sign in winter.
Road sign made in 1976 and located on Mason Bluff Drive.
Burke - Virginia - U.S.A.

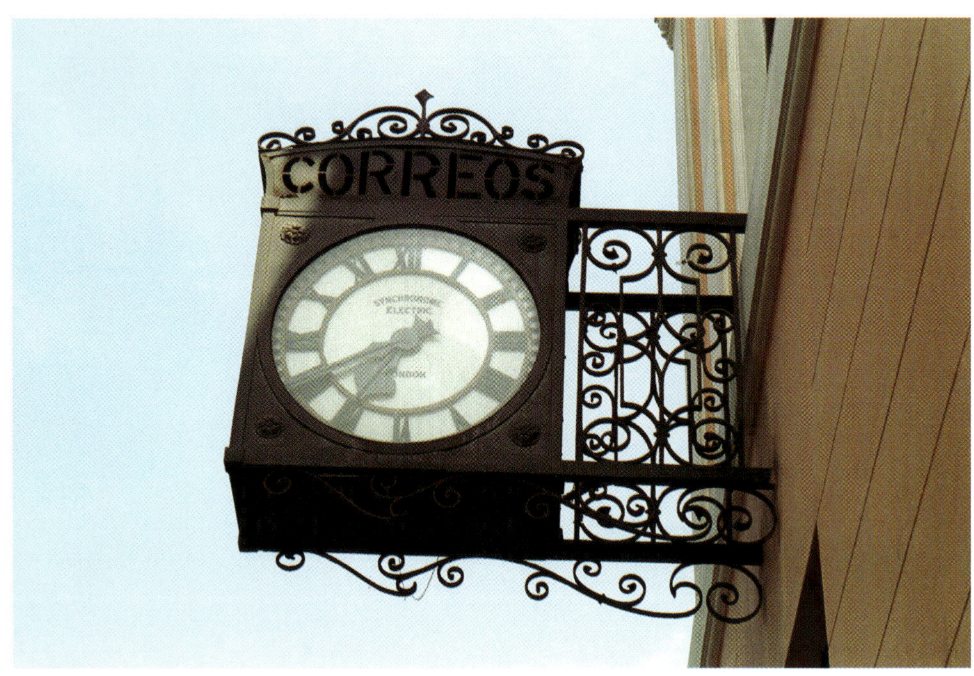

Antiguo reloj
Reloj de hierro hecho en Londres-Inglaterra en 1874. Se encuentra en la
fachada frontal de la Oficina Central de Correos. Lima - PERÚ

Antique clock
Iron clock made in London-England in 1874. It is located in the front facade
of the Central Post-Office Building. Lima - PERU

Página 76
Letrero de Calle de Jesús Nazareno
Letrero cerámico colocado en 1985.
Centro de Lima - PERÚ

Page 76
Jesus Nazareno Street sign
Ceramic sign put in 1985.
Lima Downtown - PERU

Página 76
Letrero de Avenida Coffer Woods
Letrero de madera colocado en 1976.
Burke - Virginia - EE.UU.

Page 76
Coffer Woods Avenue sign
Wooden sign put in 1976.
Burke - Virginia - U.S.A.

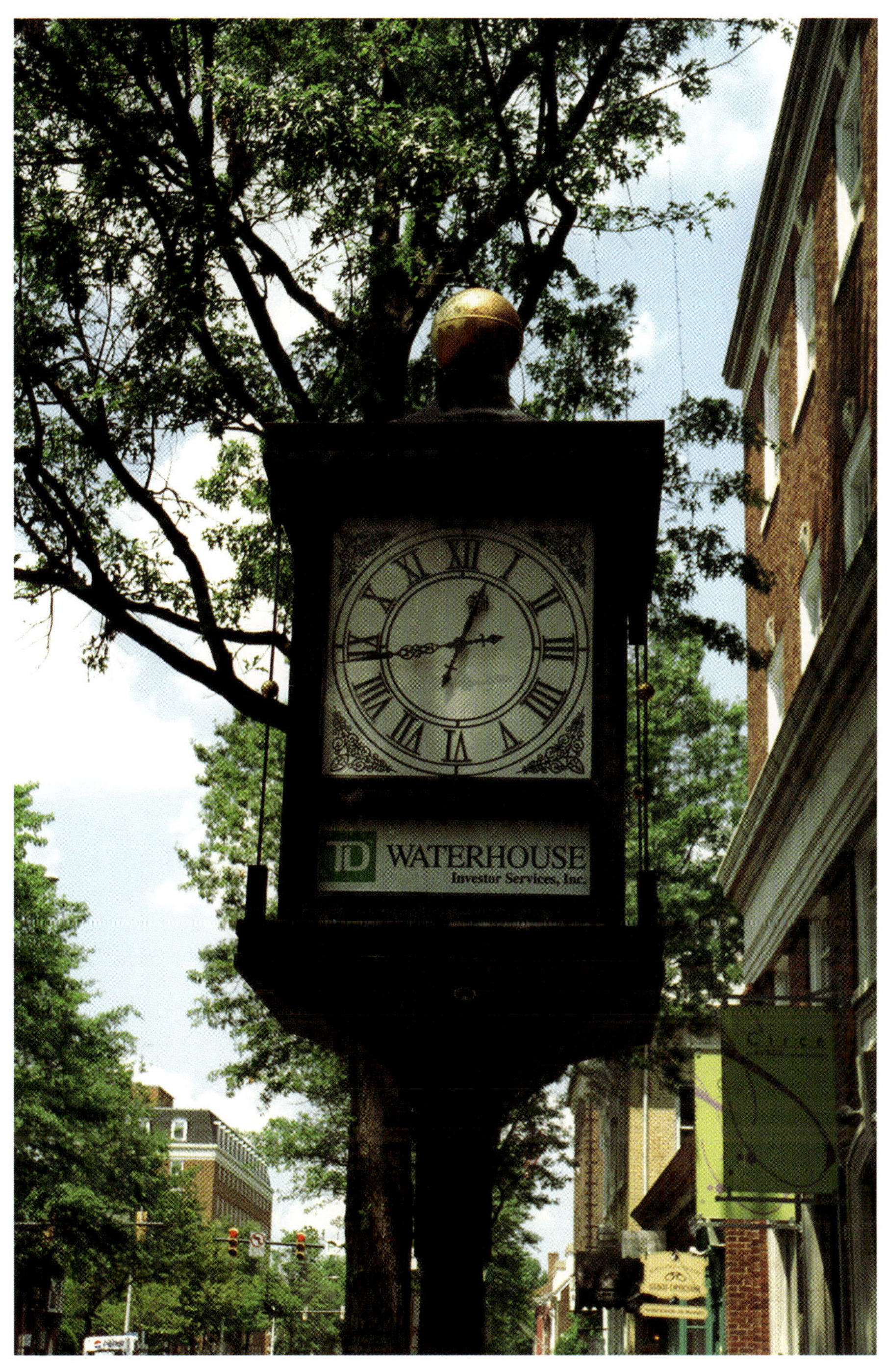

Viejo reloj de pie
Reloj de pie de hierro hecho en el año **1949**. Está ubicado en la calle
Washington Norte 119.
Ciudad de Alexandria. Virginia Norte - EE.UU.

Old freestanding clock
*Iron freestanding clock made in **1949**. It is located on 119 North*
Washington Street .
Alexandria City. Northern Virginia - U.S.A.

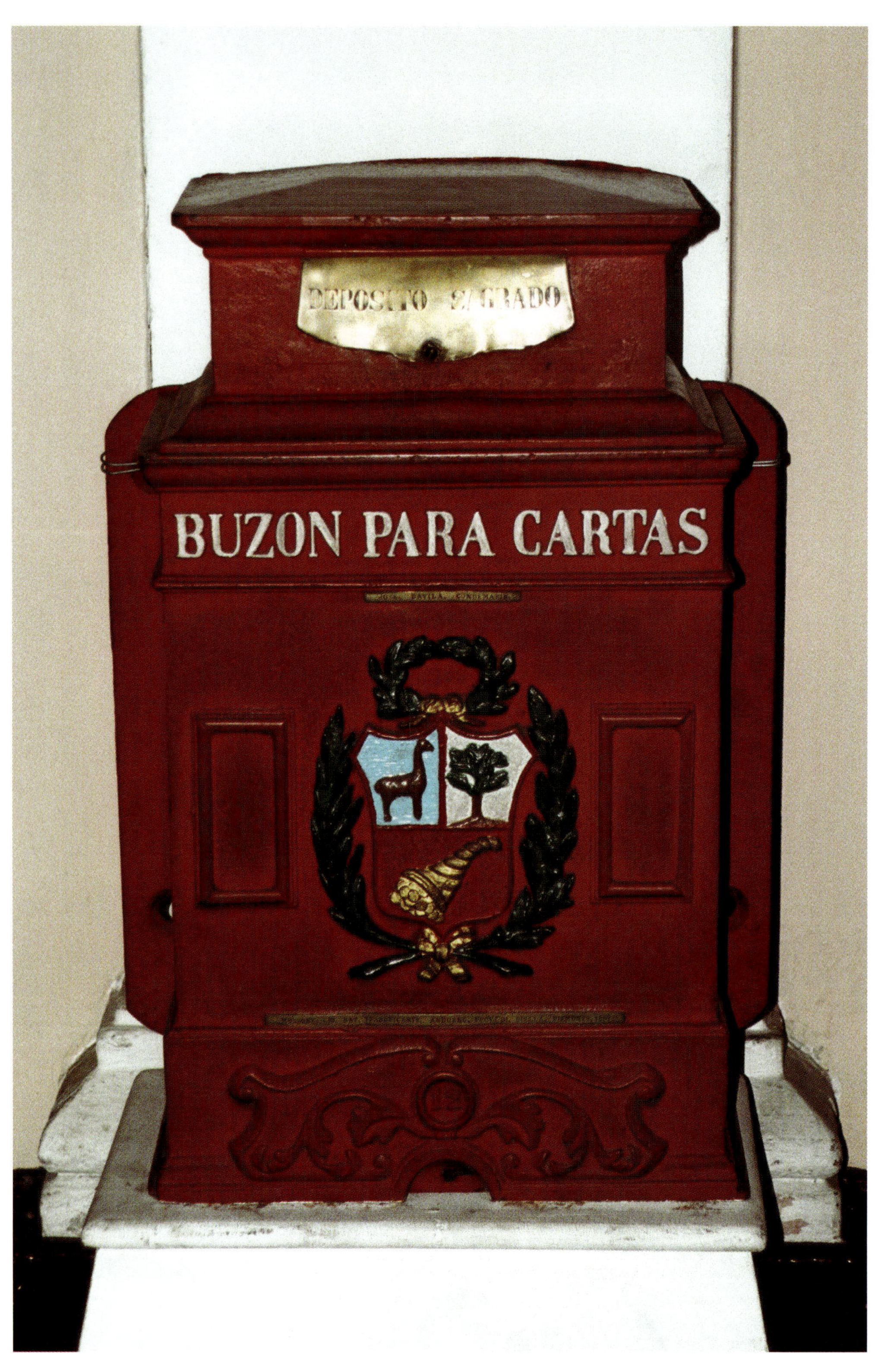

Buzón para cartas rojo
Buzón de hierro hecho por el artesano Mossone en 1859, en la provincia de Di Biella, Piemonte - Italia.
Cercado de Lima - PERÚ

Red mail-box
Iron mail-box made by artisan Mossone in1859, in Di Biella Province, Piemonte - Italy.
Cercado de Lima - PERU

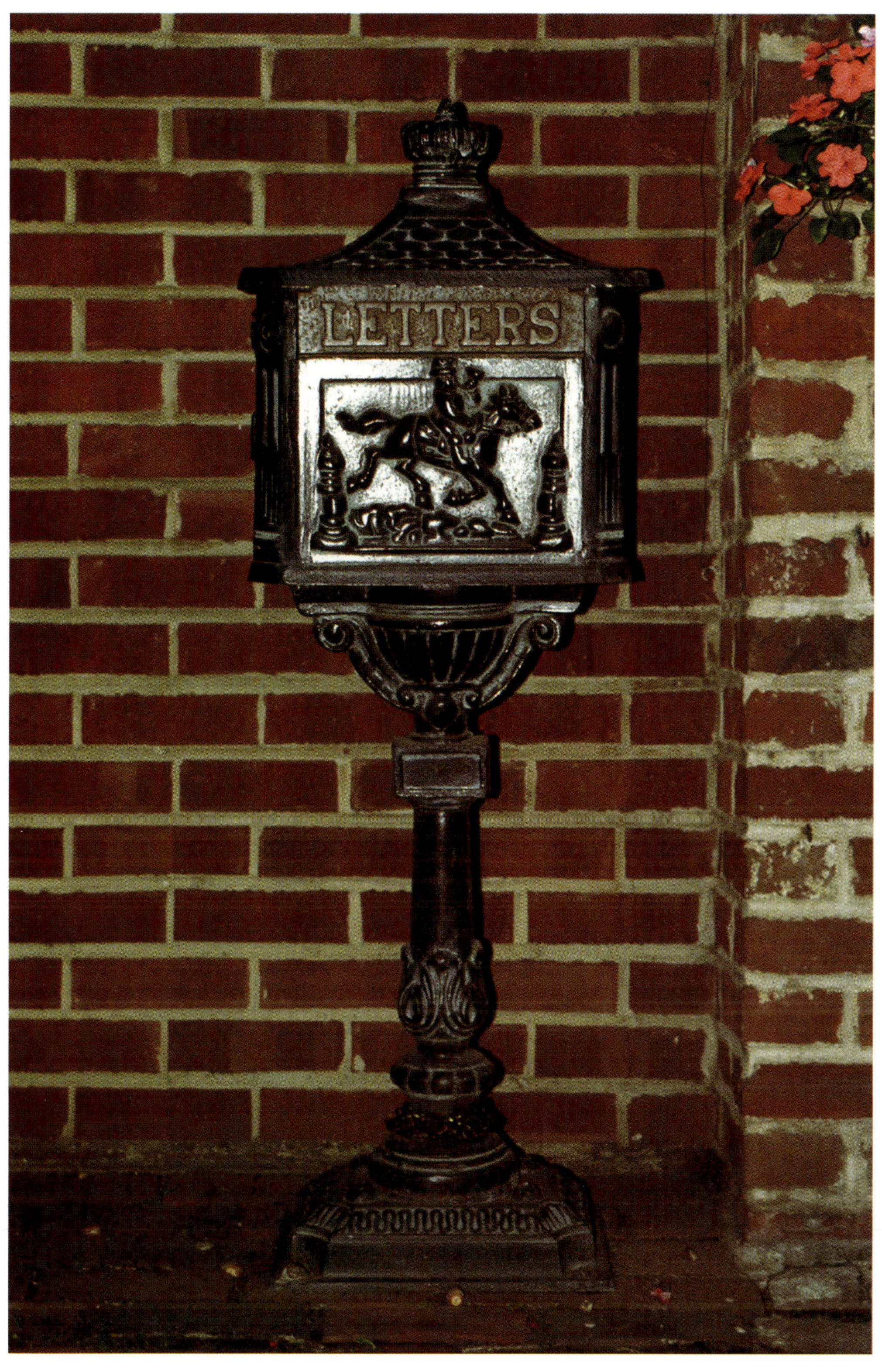

Buzón para cartas negro
Mobiliario urbano fabricado en hierro en **1999**. Está ubicado en la cuadra 11 de la calle King.
Alexandria - Virginia - EE.UU.

Black mail-box
*Iron urban furniture made in **1999**. It is located on the eleventh block of King Street.*
Alexandria - Virginia - U.S.A.

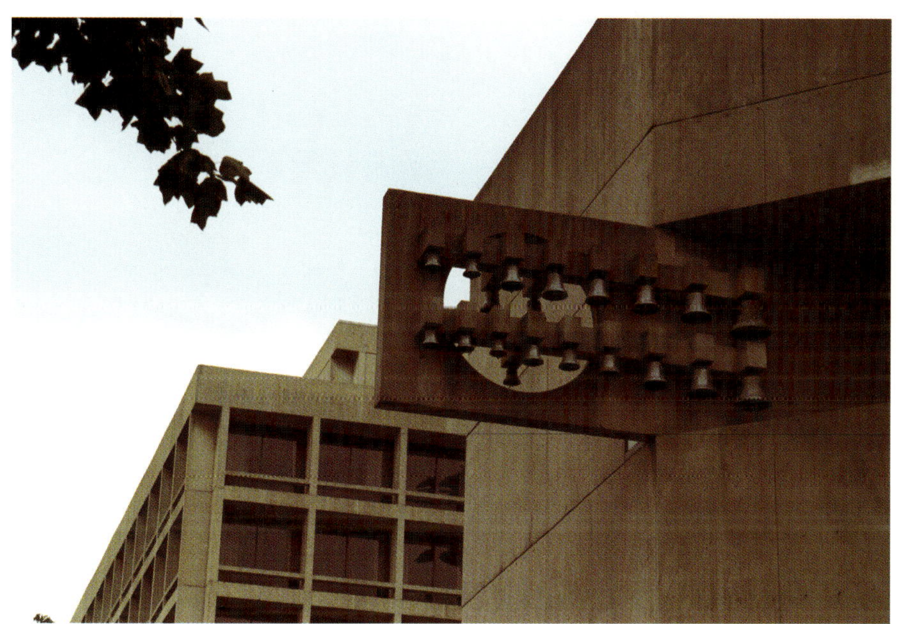

DETALLES ARQUITECTÓNICOS

ARCHITECTURAL DETAILS

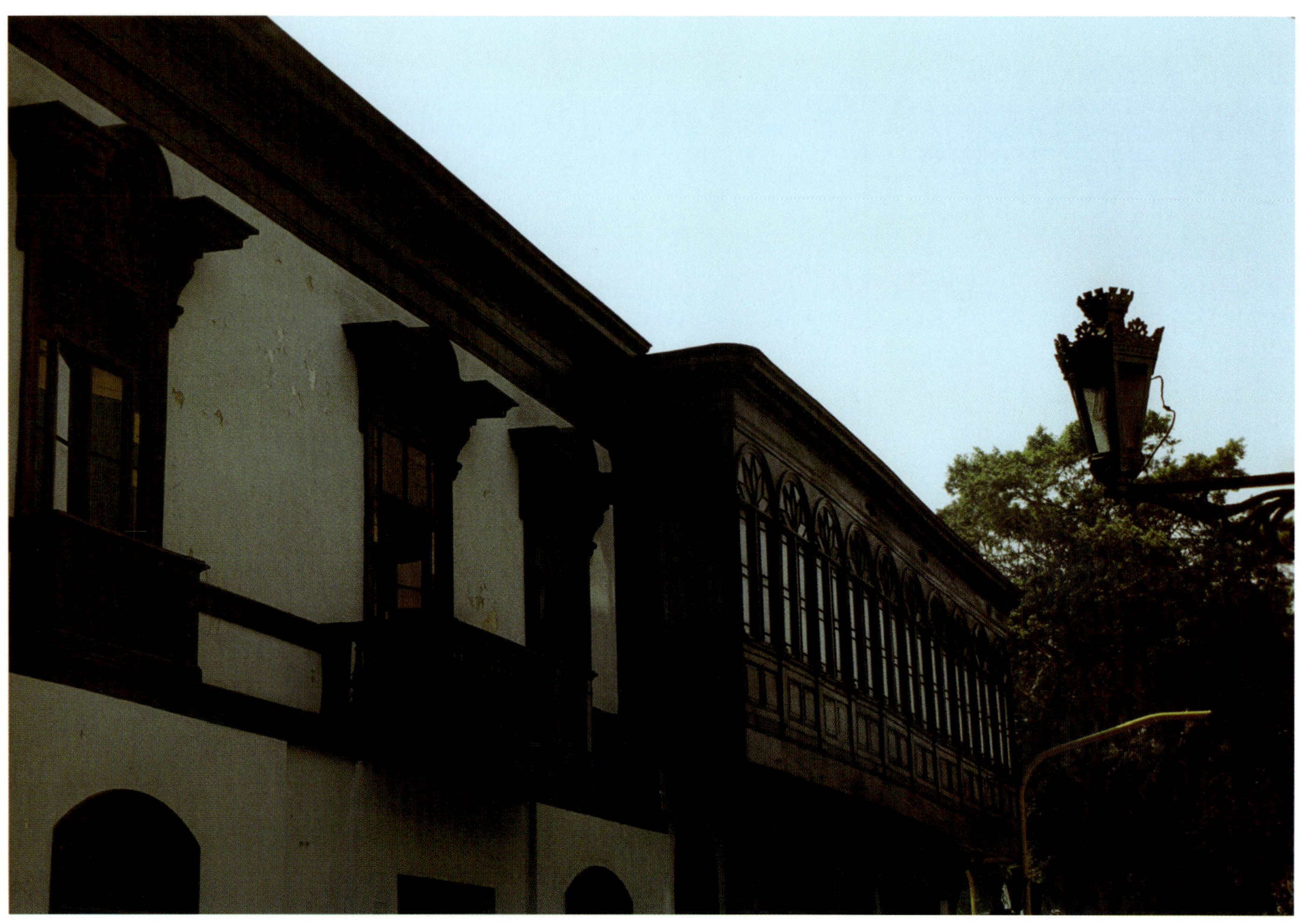

Detalles y vanos
Casona con balcón republicano ubicada en la calle Junín 485-499. Fue construida a mediados del **Siglo XIX**.
Lima - PERÚ

Details and vacuums
*Republican balcony residence located on 485-499 Junin Street. It was constructed in the middle of **XIX** Century.*
Lima - PERU

Páginas 90-91
Columna y ménsulas
Palacio Arzobispal diseñado por el arquitecto Ricardo Malakovski en 1924. Se ubica en la calle Carabaya 200, frente a la Plaza Mayor.
Lima - PERÚ

Pages 90-91
Column and brackets
Archiepiscopal Palace designed by architect Ricardo Malakovski in 1924. It is located on 200 Carabaya Street, in front of the Mayor Place.
Lima - PERU

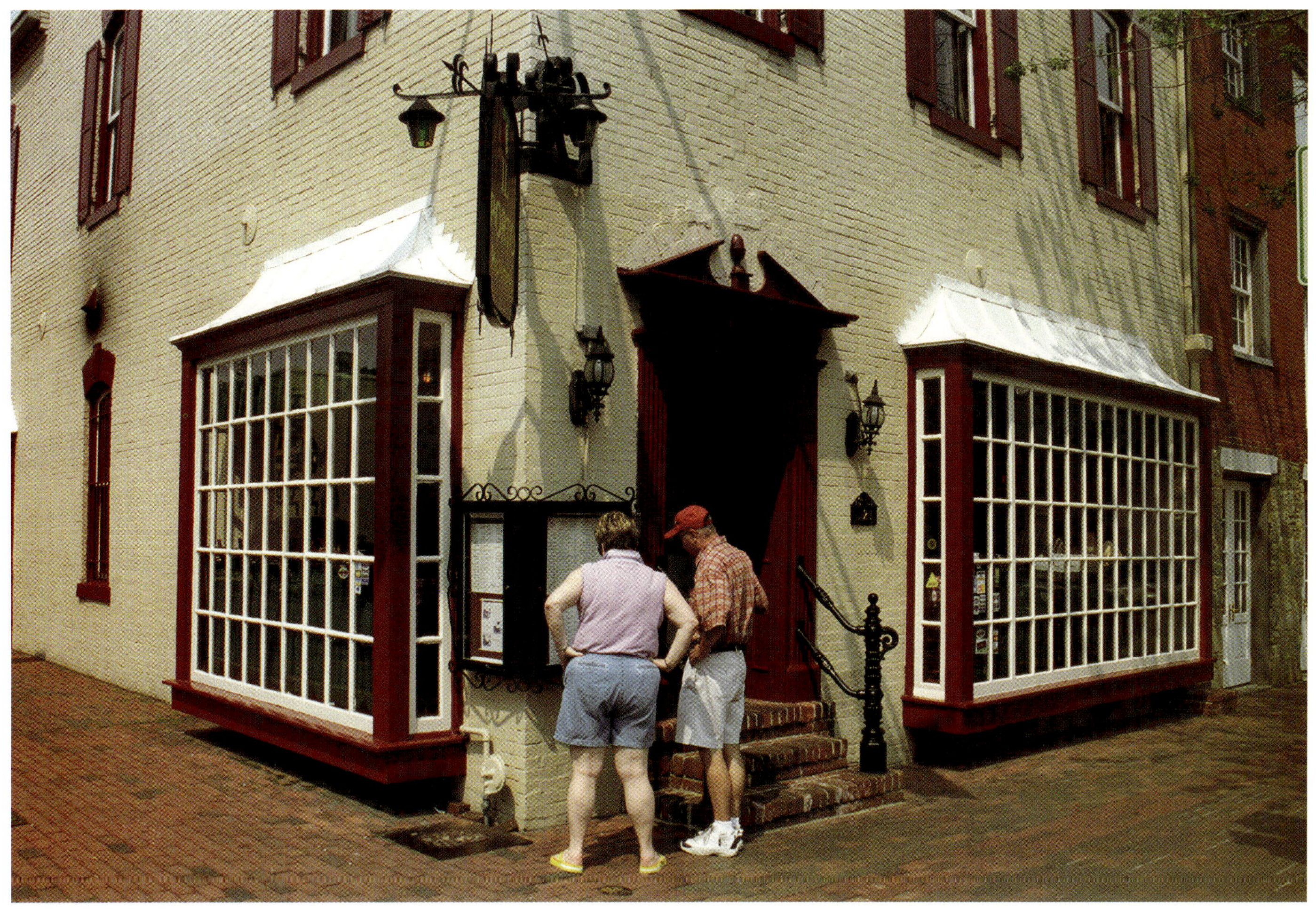

Vanos y detalles
Residencia histórica ubicada en la calle King 215, fue terminada en **1830**. Características de la arquitectura del siglo XIX.
Alexandria - Virginia - EE.UU.

Vacuum and details
*Historic residence located on 215 King Street was completed in **1830**. XIX Century architecture characteristics.*
Alexandria - Virginia - U.S.A.

Páginas 92-93
Columnas dóricas y ménsulas
Memorial a Lincoln diseñado por el arquitecto Henry Bacon y terminado en **1922**. Construcción de mármol blanco y diseño clásico, imita el Partenón de Grecia. 36 columnas dóricas forman su pórtico.
Washington, D.C. - EE.UU.

Pages 92-93
Doric columns and brackets
*Lincoln Memorial designed by architect Henry Bacon and completed in **1922**. It is a white marble and classic design building, resembling the Parthenon of Greece. The 36 Doric columns form the portico.*
Washington, D.C. - U.S.A.

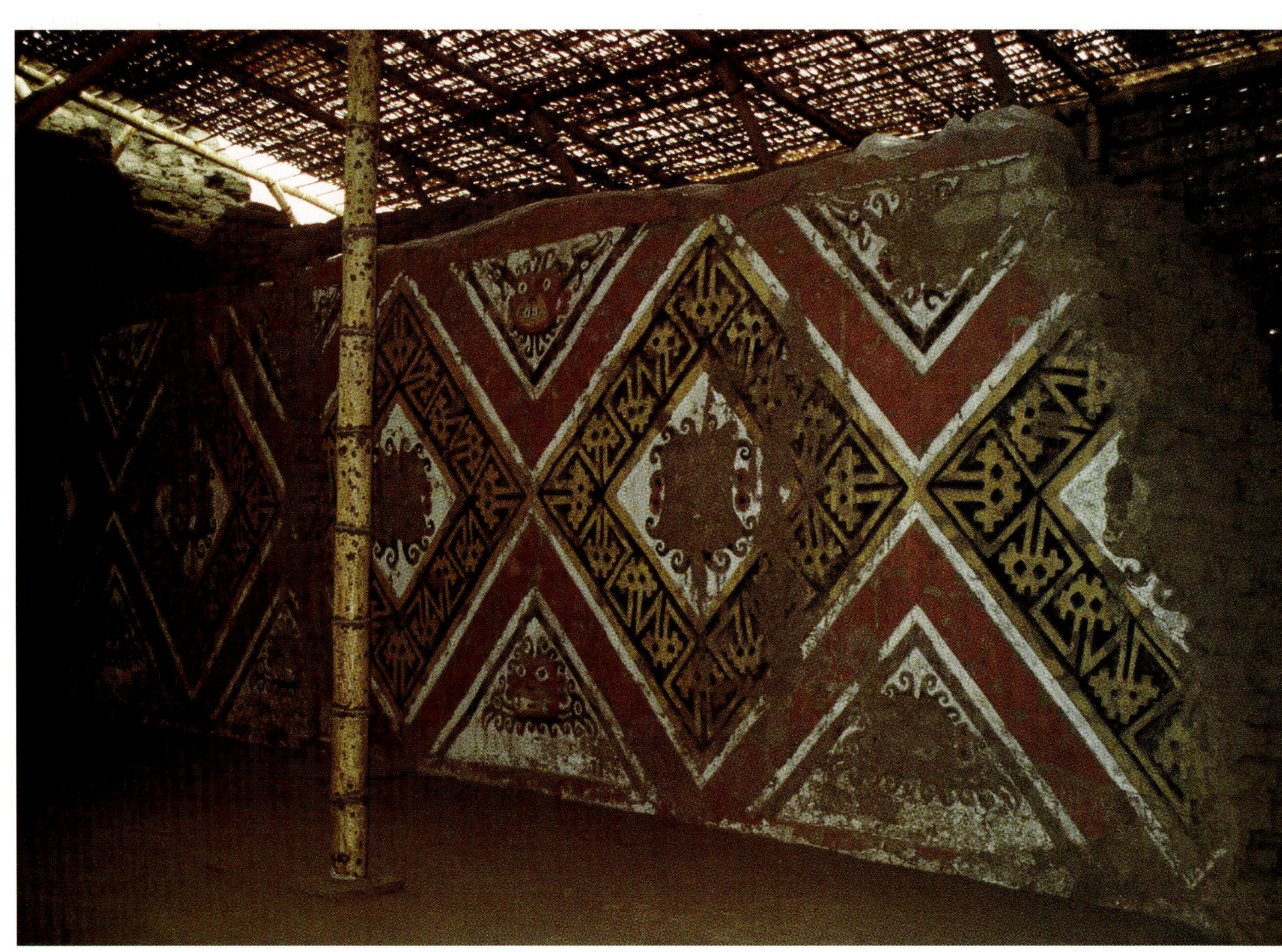

Muro Mochica - Rostro del dios Ai-apaec
Muro Mochica encontrado en la excavación arqueológica de la Huaca de la Luna. Representa figuras mágico-religiosas hechas en el **Siglo III**.
Trujillo - La Libertad - PERÚ

Mochica Wall - Ai-apaec god face
*Mochica Wall found in Huaca de la Luna archaeological excavation. It represents magical-religious figures made during **III Century**.*
Trujillo - La Libertad - PERU

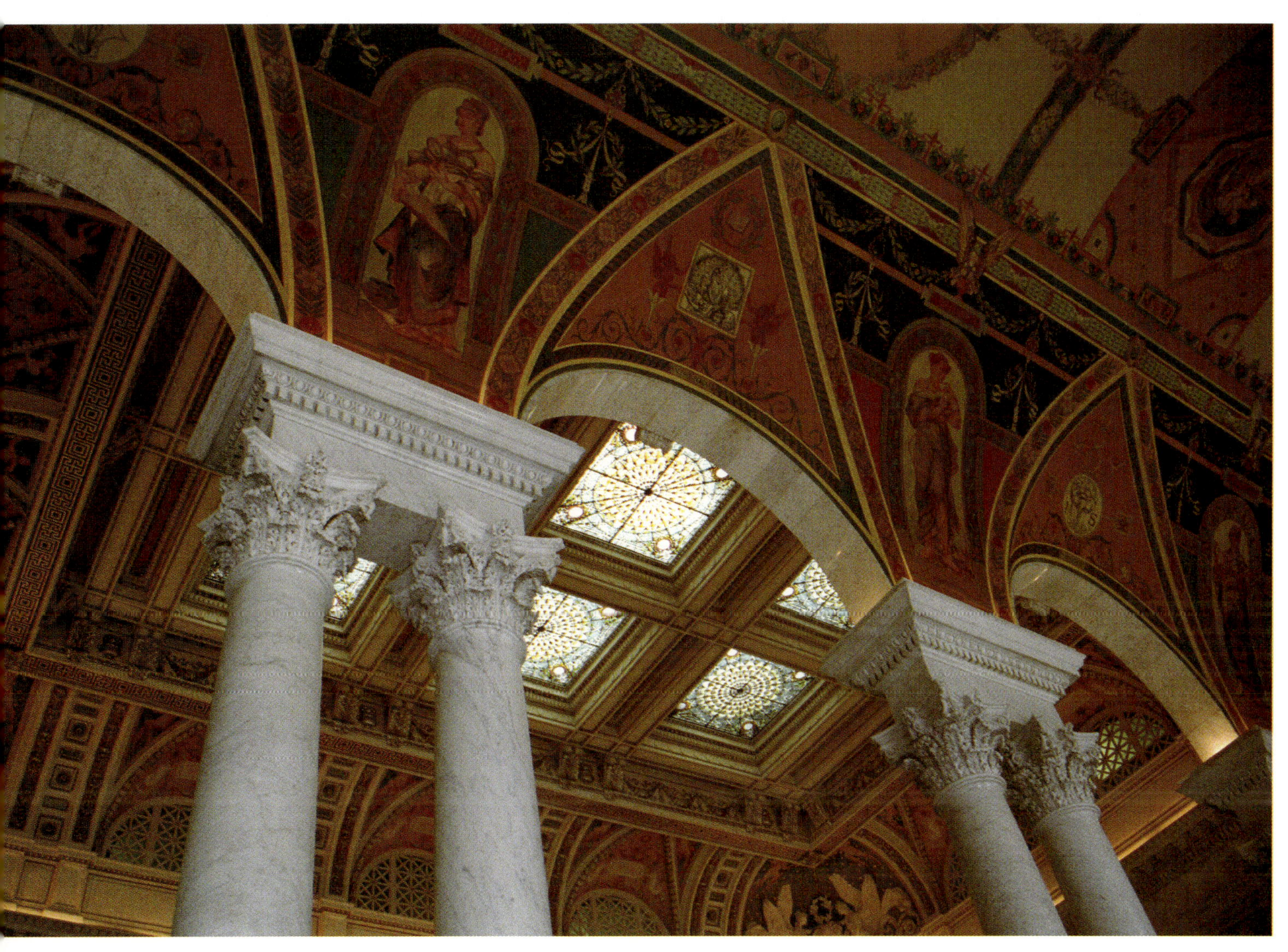

Techo pintado - Las Tres Gracias
Pinturas hechas por Frank W. Benson en 1897. Están ubicadas en el corredor sur del segundo piso del Edificio Thomas Jefferson.
Washington, D.C. - EE.UU.

Paintings on the ceiling - The Three Graces
Paintings made by Frank W. Benson in 1897. They are located on the south corridor in second floor of the Thomas Jefferson Building.
Washington, D.C. - U.S.A.

Columna y cobertura de madera
Oficina Central de Correos diseñada por el arquitecto Maximiliano Doig en estilo republicano. Se completó en 1876.
Cercado de Lima - PERÚ

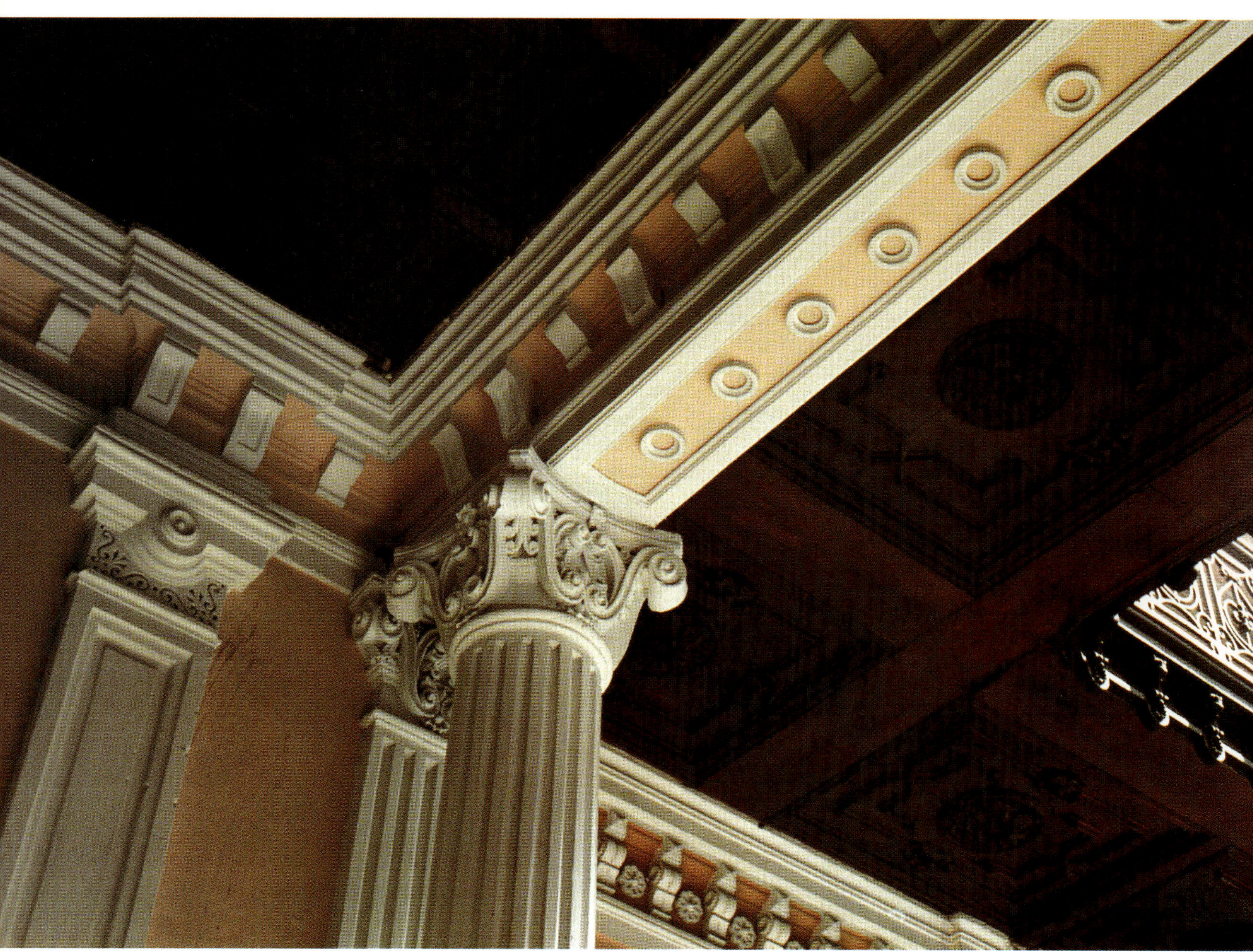

Column and wooden cover
Central Post-Office Building was designed by architect Maximiliano Doig in Republican style. It was completed in 1876.
Cercado de Lima - PERU

Columnas de mármol y cobertura
Detalle interior del edificio Memorial a Lincoln realizado en **1922**. Está ubicado en la intersección de la Calle 23 con la avenida Independence NW.
Washington, D.C. - EE.UU.

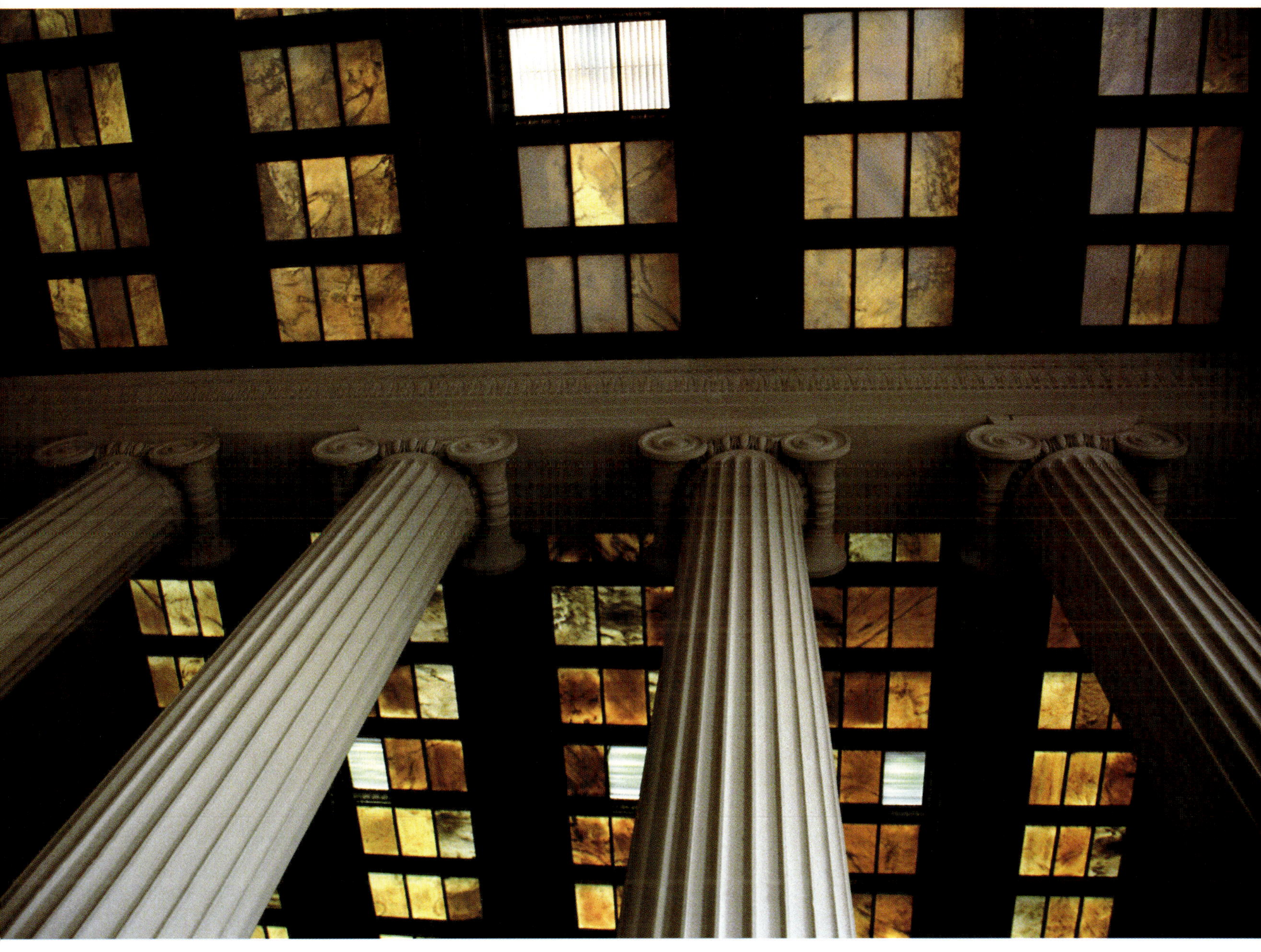

Marble columns and cover
*Lincoln Memorial building interior detail completed in **1922**. It is located in 23rd Street & Independence Avenue NW.*
Washington, D.C. - U.S.A.

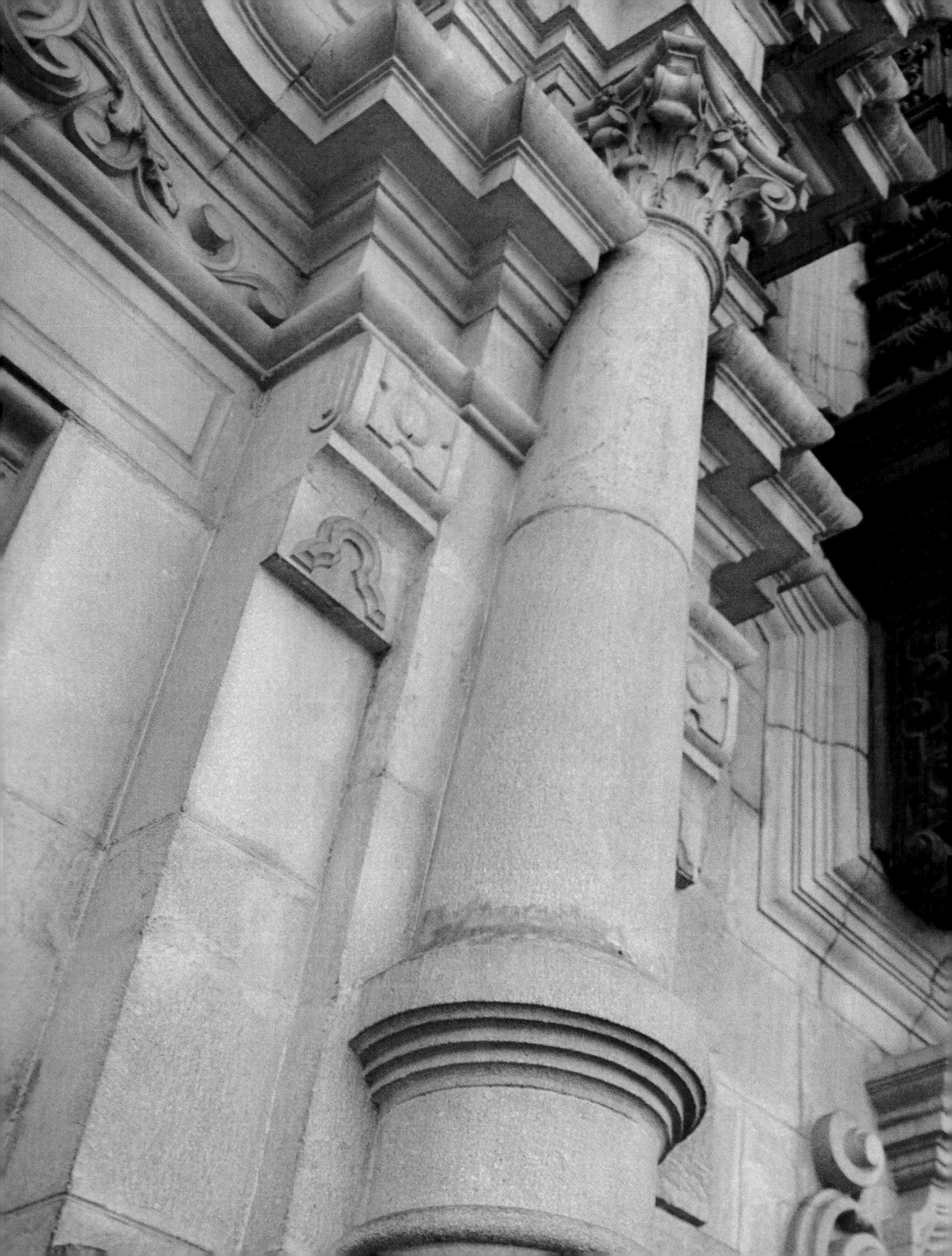

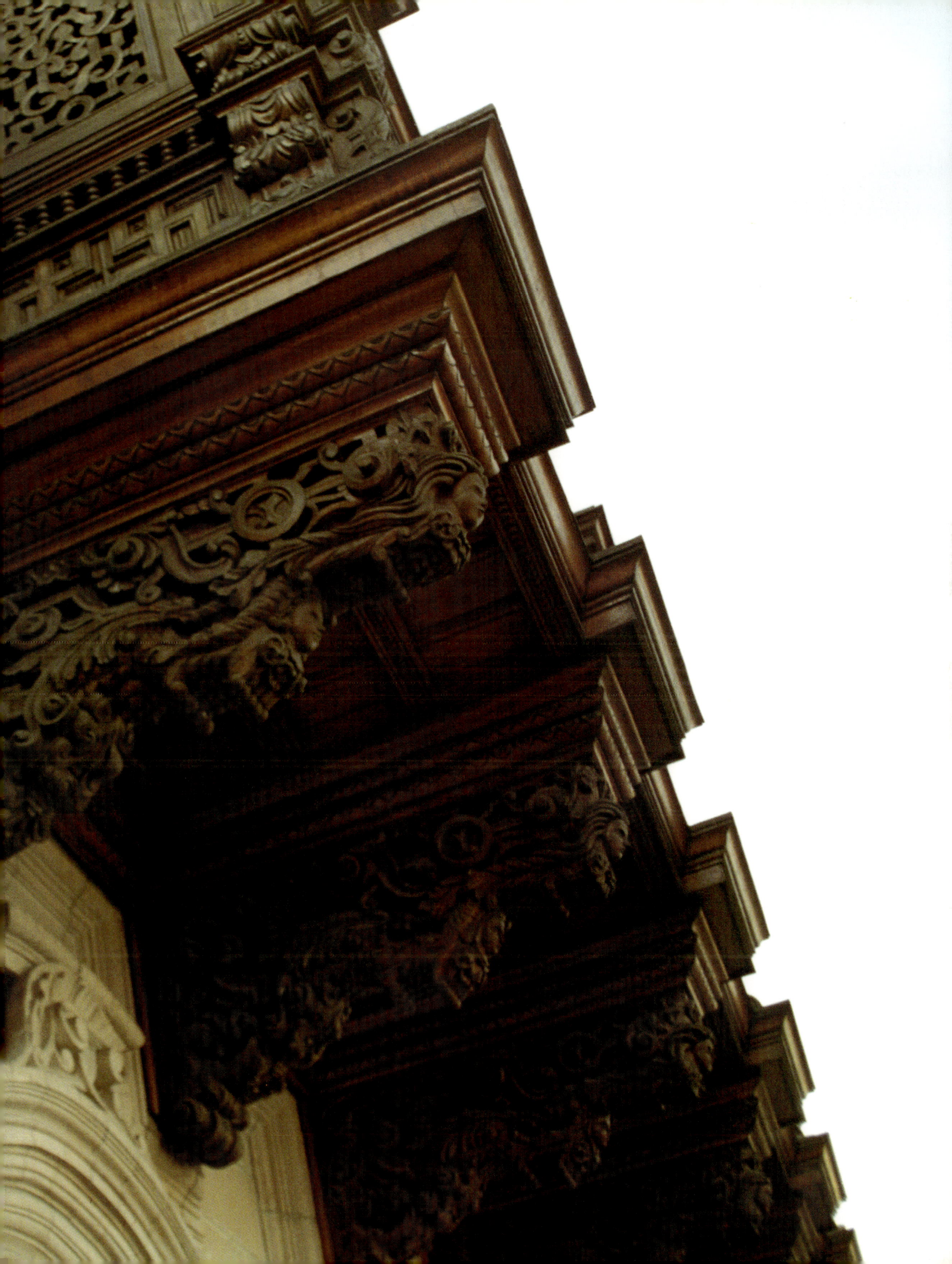

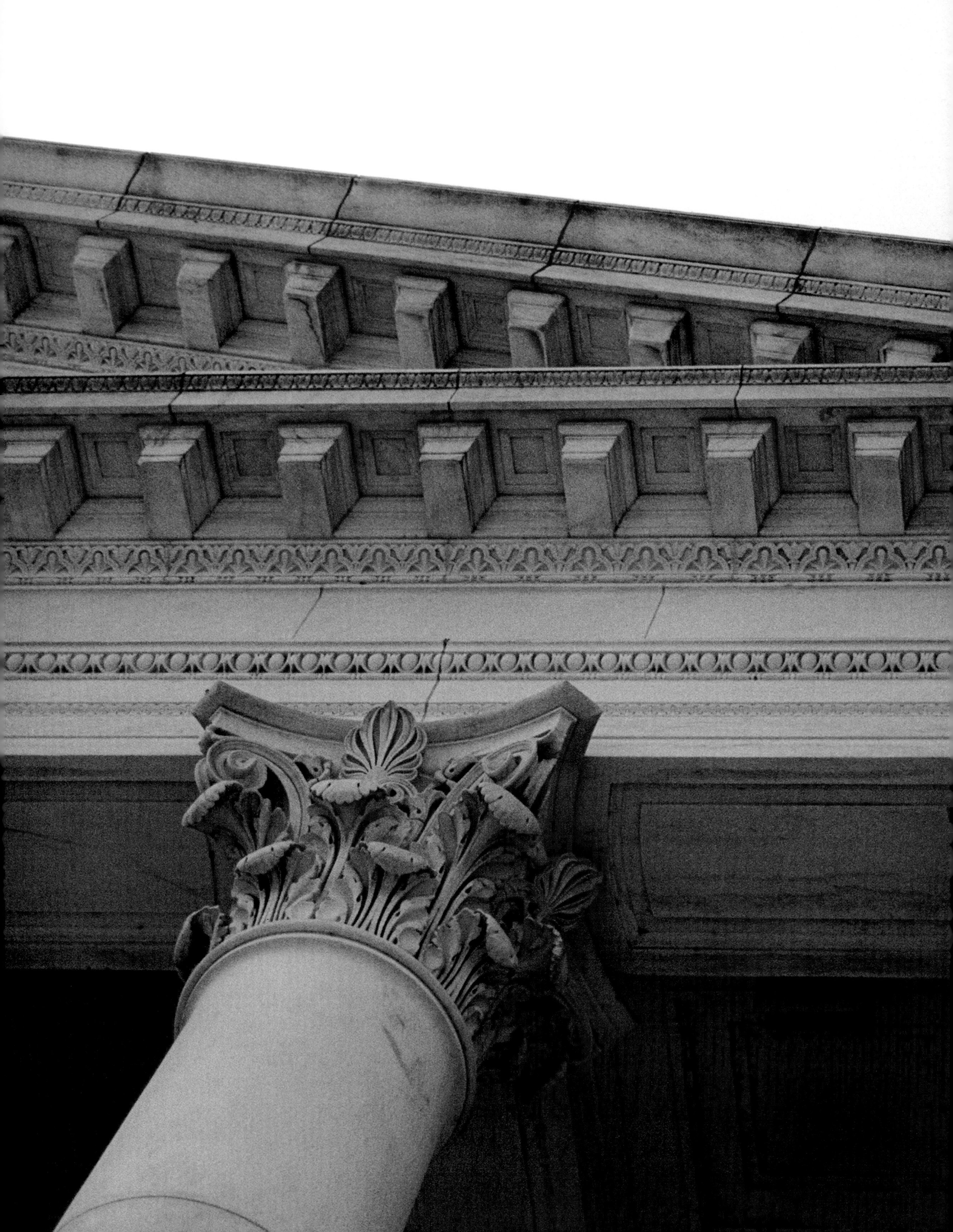

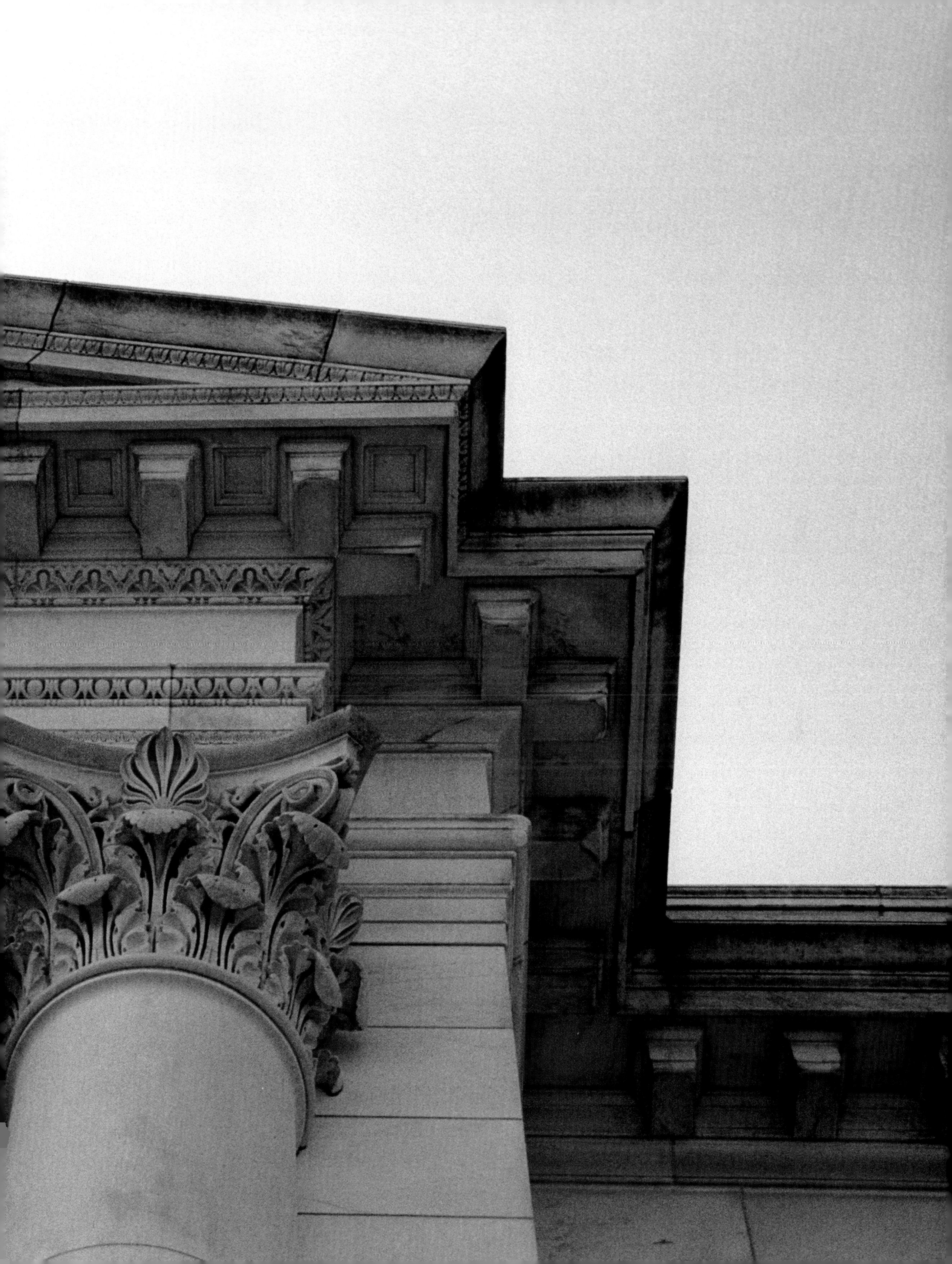

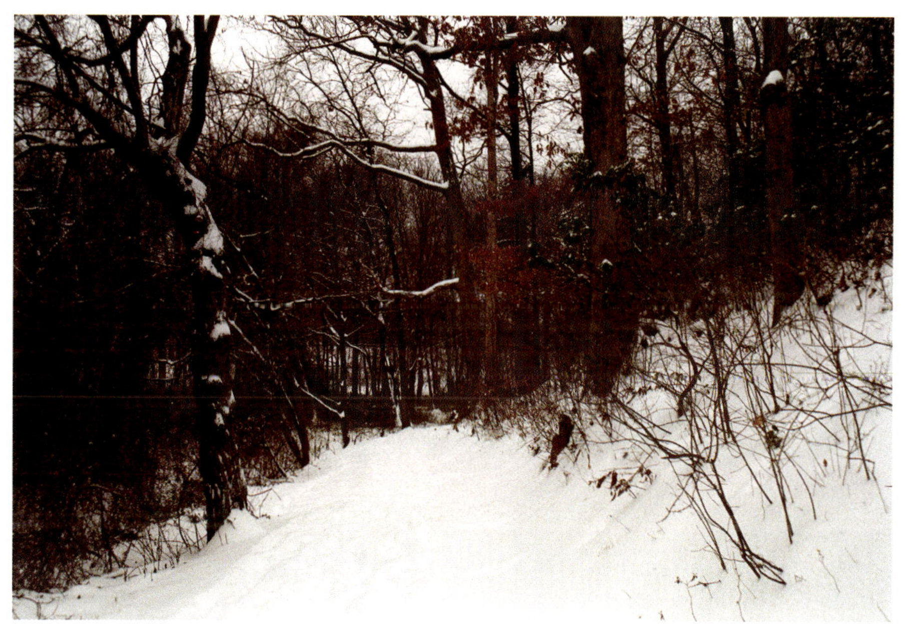

IMÁGENES DE INVIERNO

WINTER IMAGES

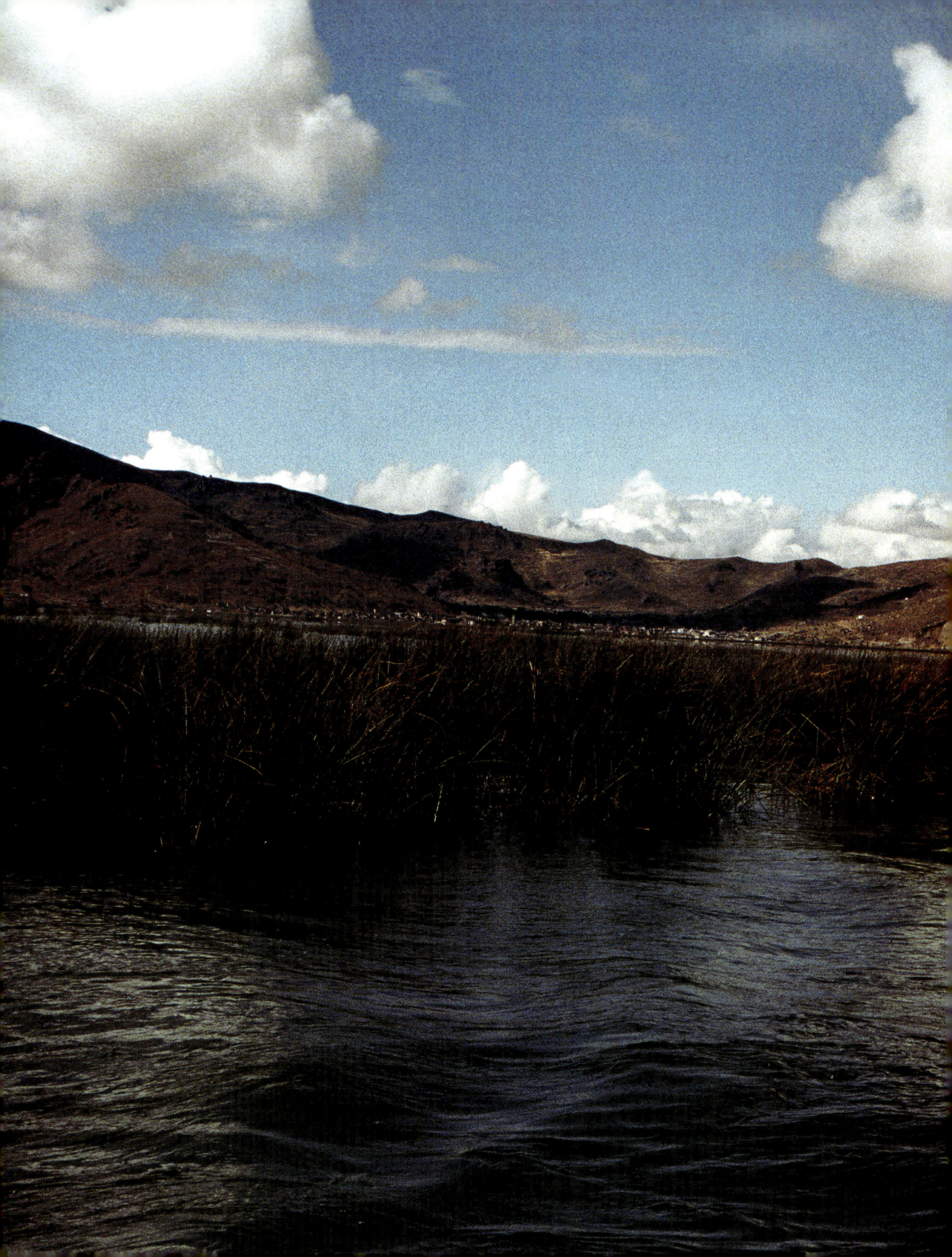

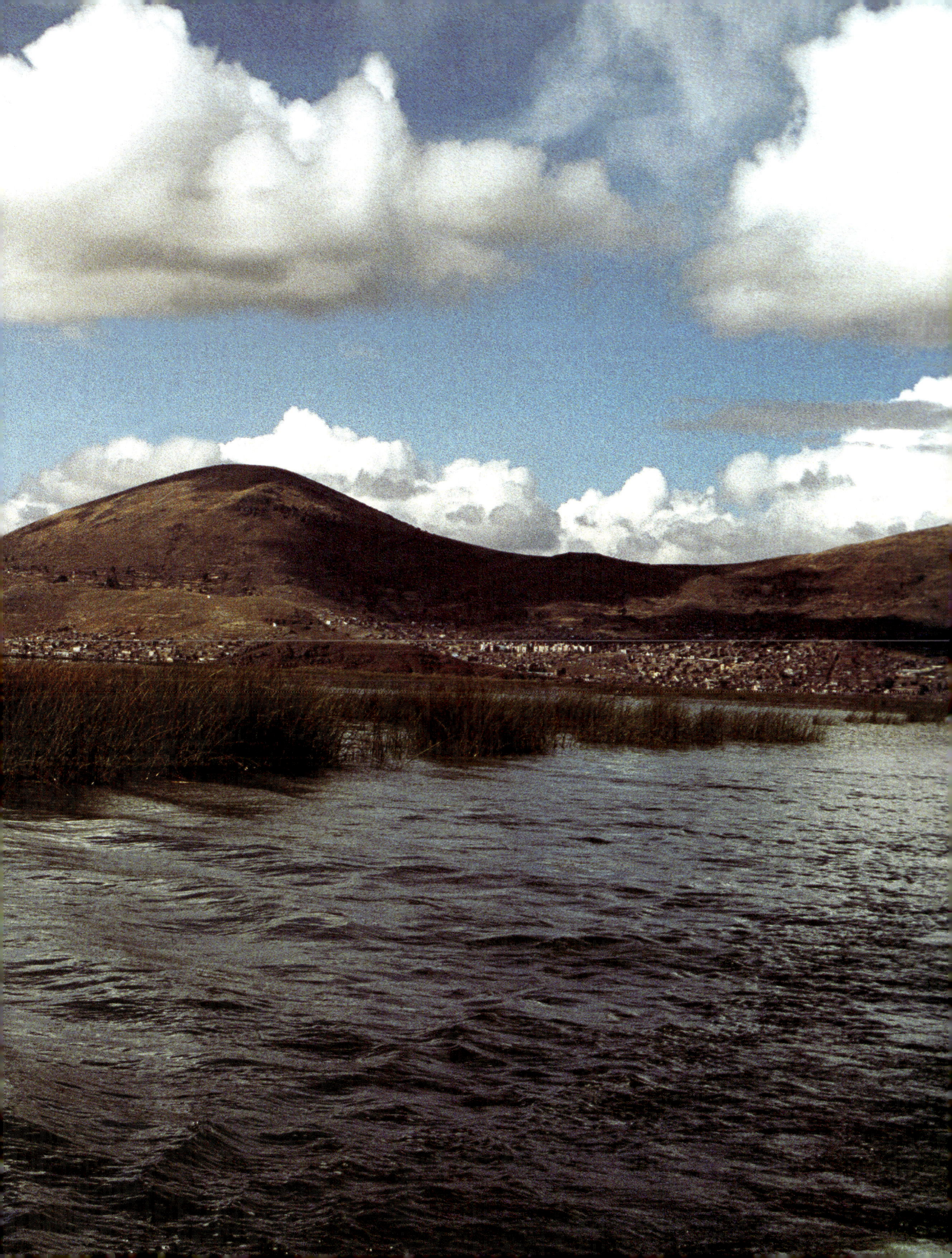

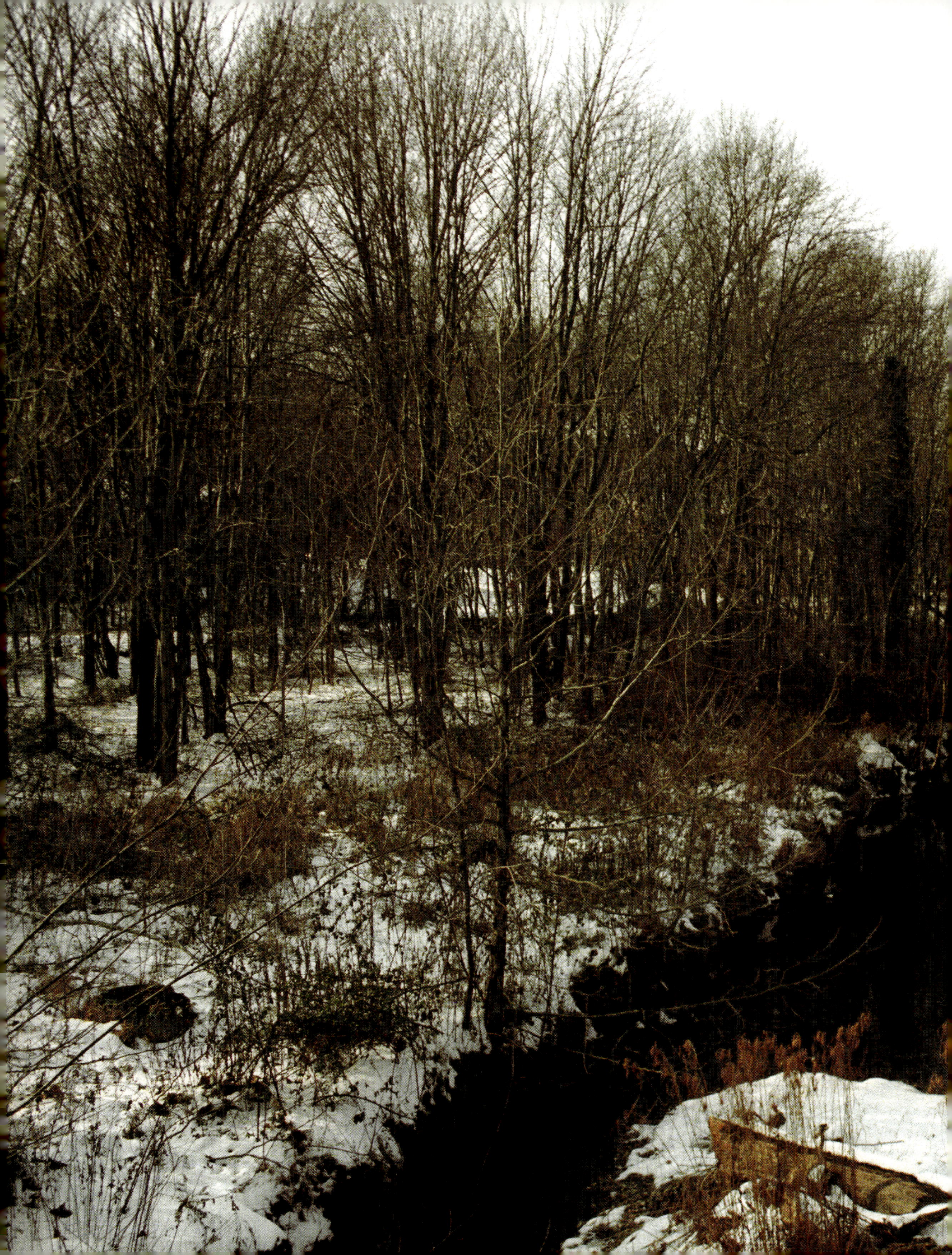

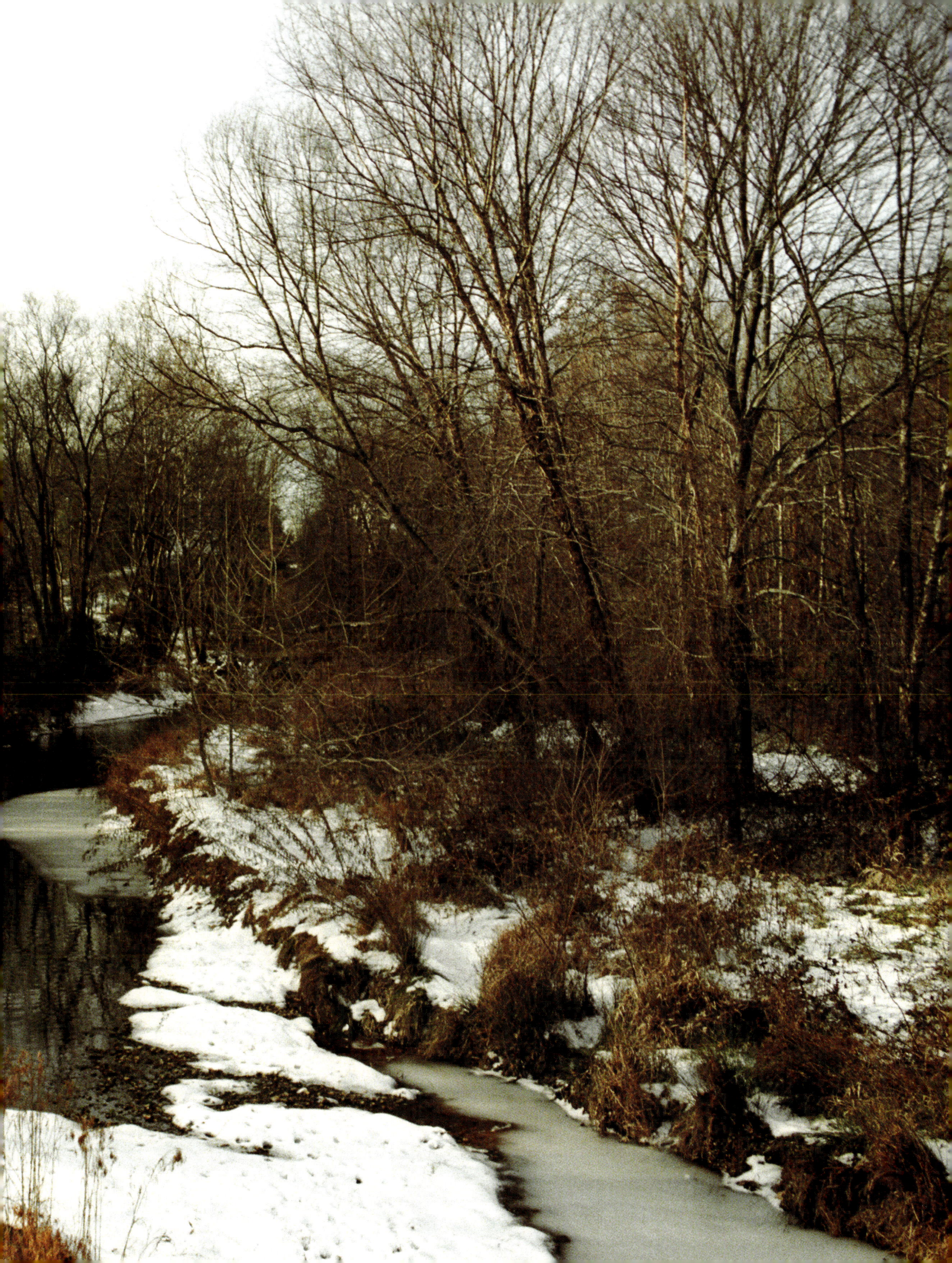

Páginas 96-97
Junco, lago y paisaje
Lago Titicaca - Puno - PERÚ

Pages 96-97
Rush, lake and landscape
Titicaca Lake - Puno - PERU

Páginas 98-99
Riachuelo y paisaje
Burke - Virginia - EE.UU.

Pages 98-99
A small stream and landscape
Burke - Virginia - U.S.A.

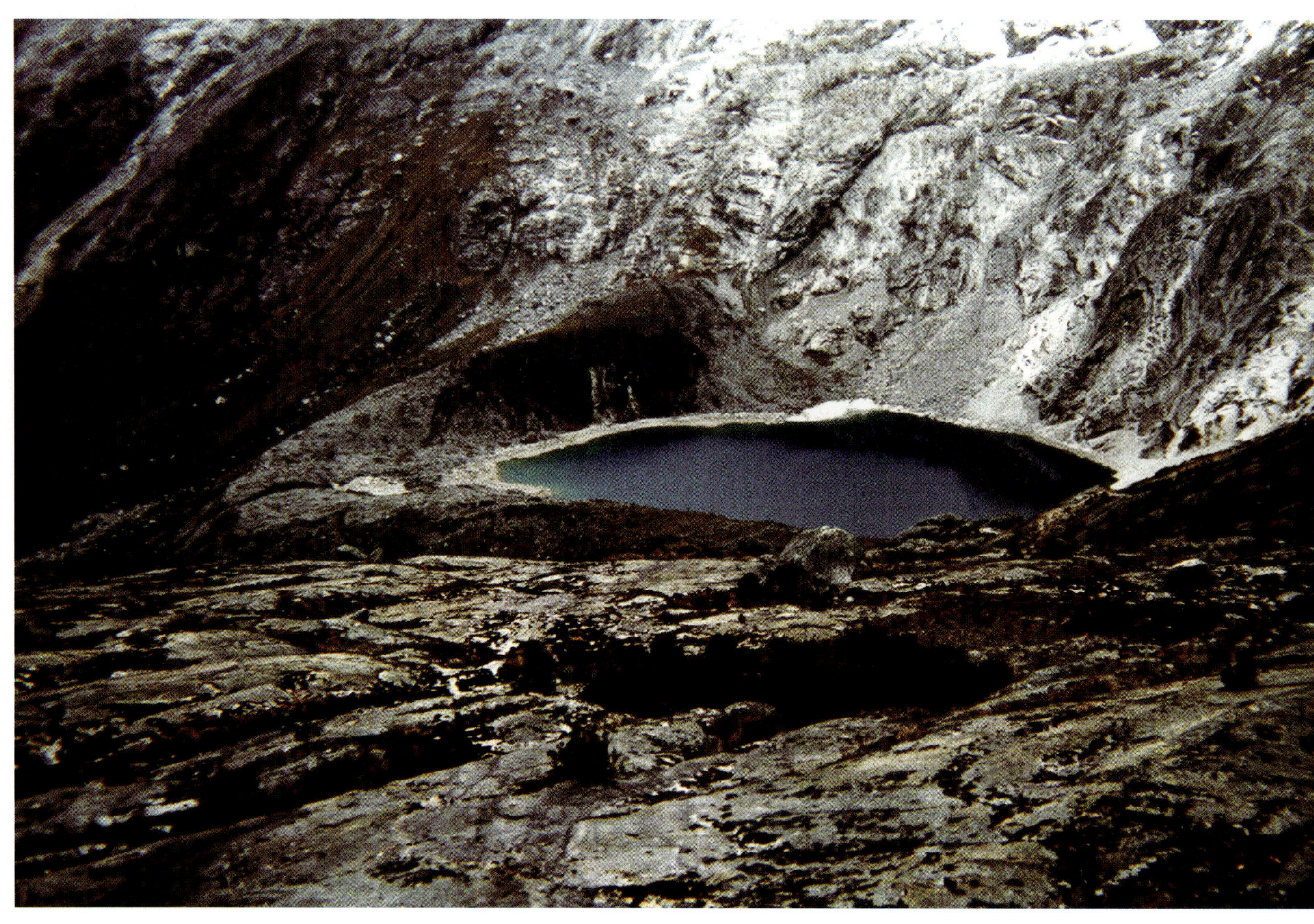

Laguna Taullicocha
Altitud: 4,750 metros.
Quebrada Santa Cruz - Los Andes - Áncash - PERÚ

Taullicocha Lake
Altitude: 15584 feet.
Santa Cruz Ravine - Andes Mountains - Ancash - PERU

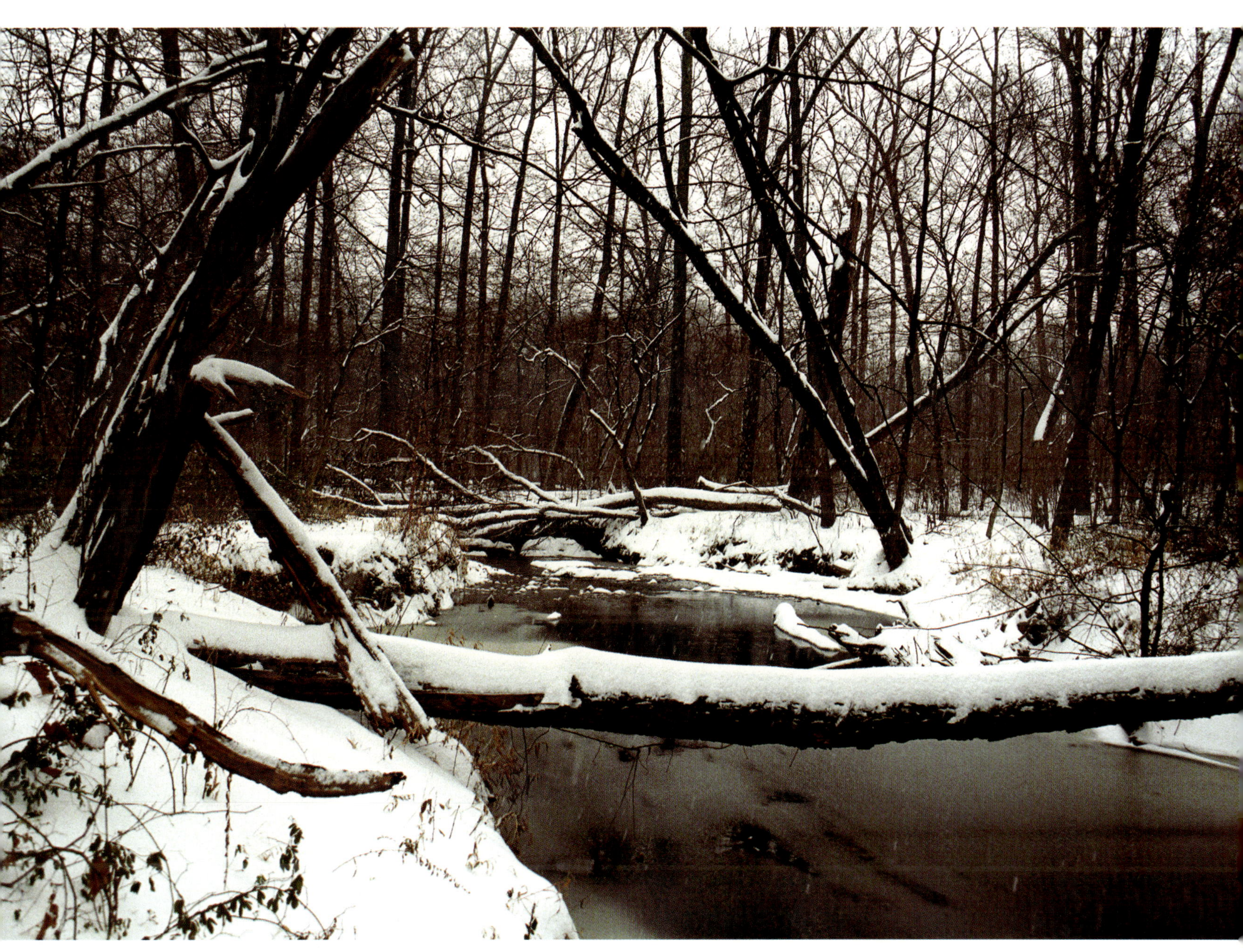

Riachuelo y nieve
Condado Fairfax - Virginia - EE.UU.

A small stream and snow
Fairfax County - Virginia - U.S.A.

Paisaje en Bahía de Paracas
Ica - PERÚ

Paracas Bay landscape
Ica - PERU

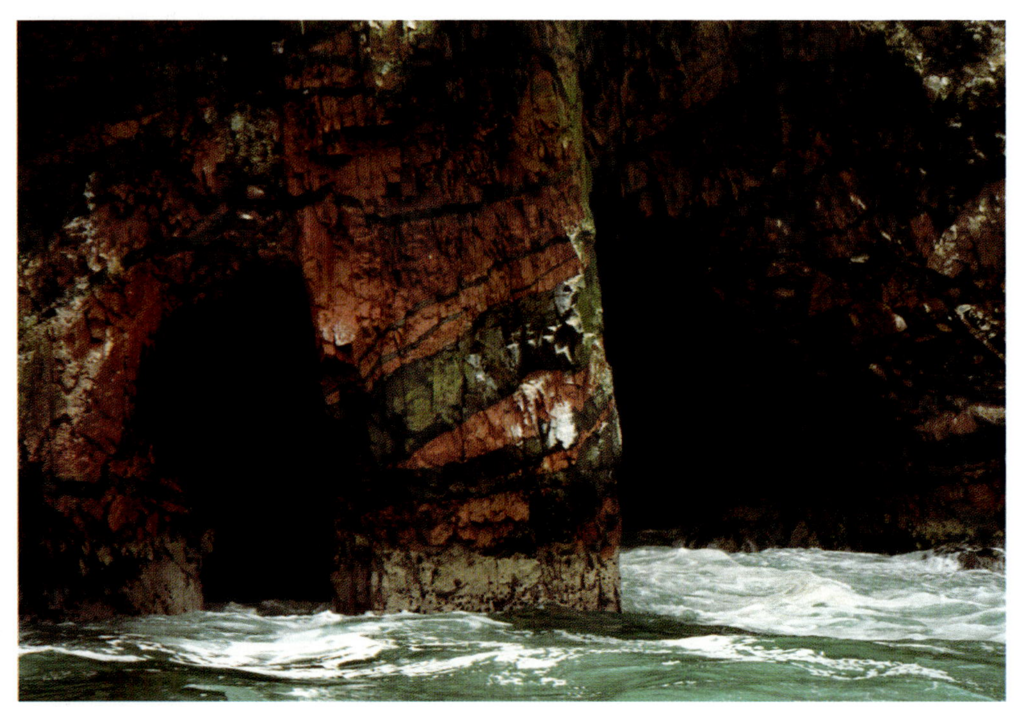

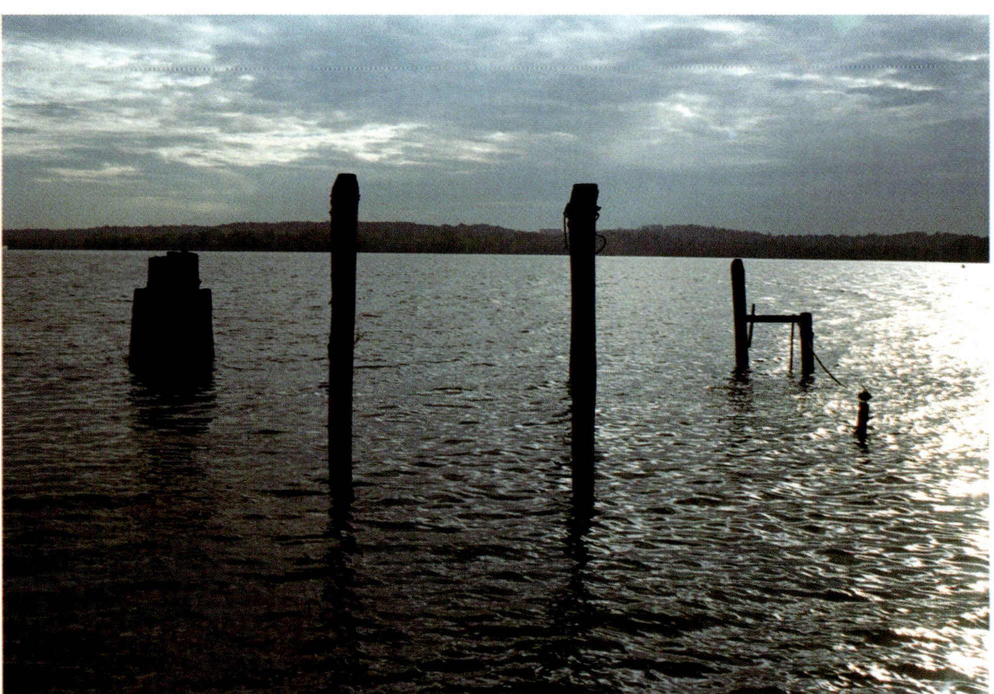

Paisaje en río Potomac
Alexandria - Virginia - EE.UU.

Potomac River landscape
Alexandria - Virginia - U.S.A.

**Tren en las montañas
Huambutío. Cuzco - PERÚ**

*Train on the mountains
Huambutio. Cuzco - PERU*

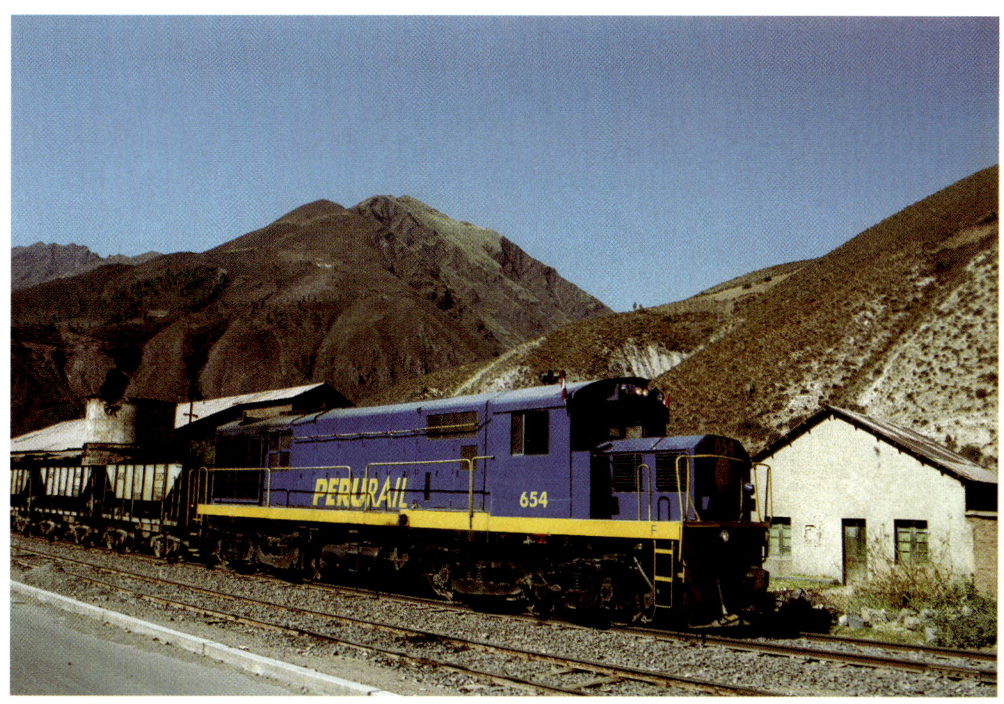

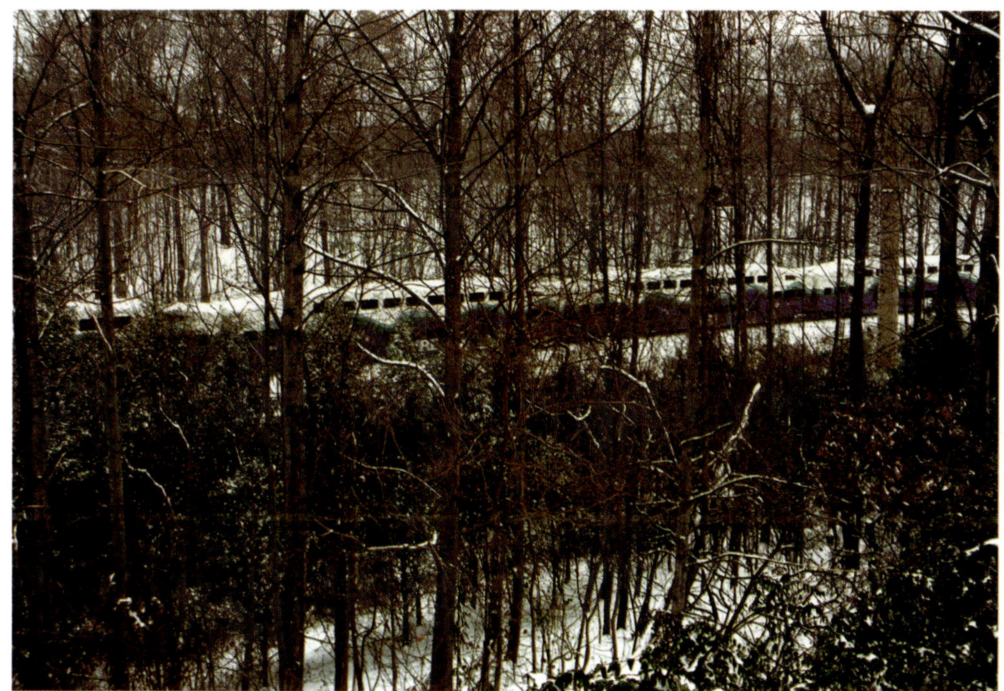

**Tren en la colina
Condado Fairfax - Virginia - EE.UU.**

*Train on the hills
Fairfax County - Virginia - U.S.A.*

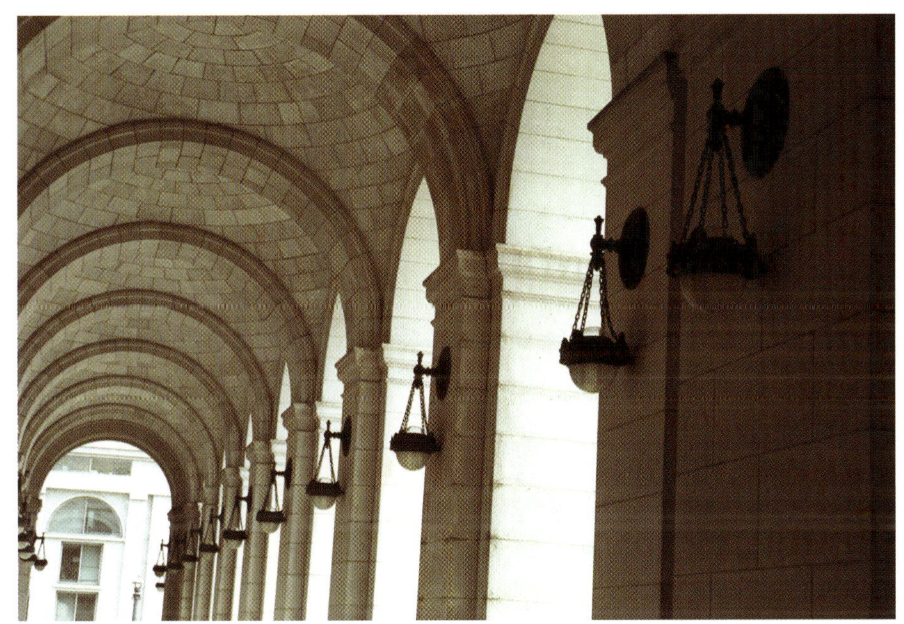

FAROLAS Y ARQUITECTURA

LAMP-POSTS & ARCHITECTURE

Antigua farola
Farola ubicada en la fachada frontal de la Casa Goyeneche. Fue construida en 1771. Su propietario original fue Cavero y Vásquez de Acuña. Se ubica en la calle Ucayali 450.
Lima - PERÚ

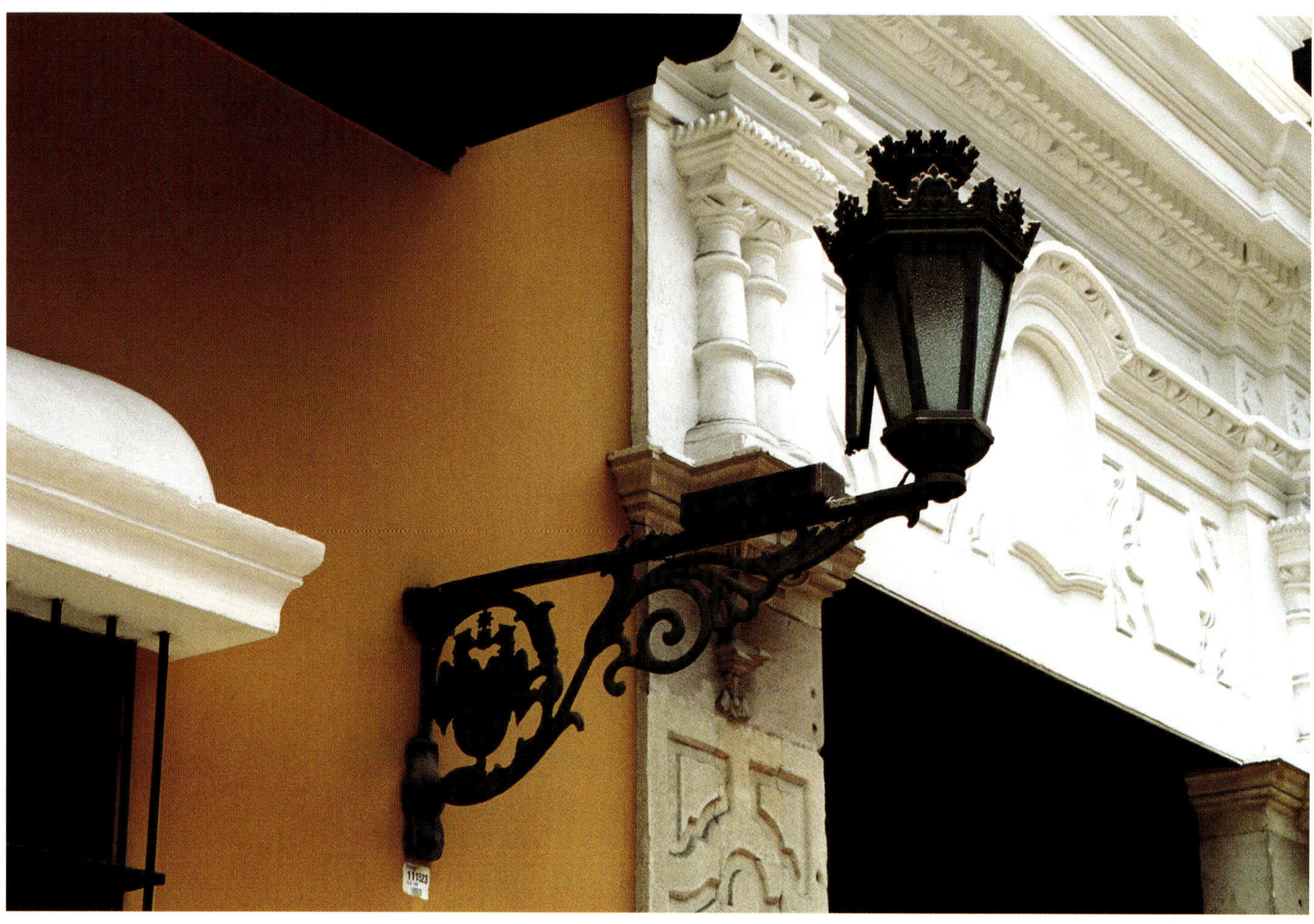

Old lantern
Lantern placed in the front of Goyeneche House. It was built in 1771. Its original owner was Cavero y Vasquez de Acuña. It is located on 450 Ucayali Street.
Lima - PERU

Letrero y farola
Letrero y farola ubicados en la tienda «The Carriage House», localizada en la calle Unión Sur 215. Abierto al público en Junio de 1980.
Alexandria - Virginia - EE.UU.

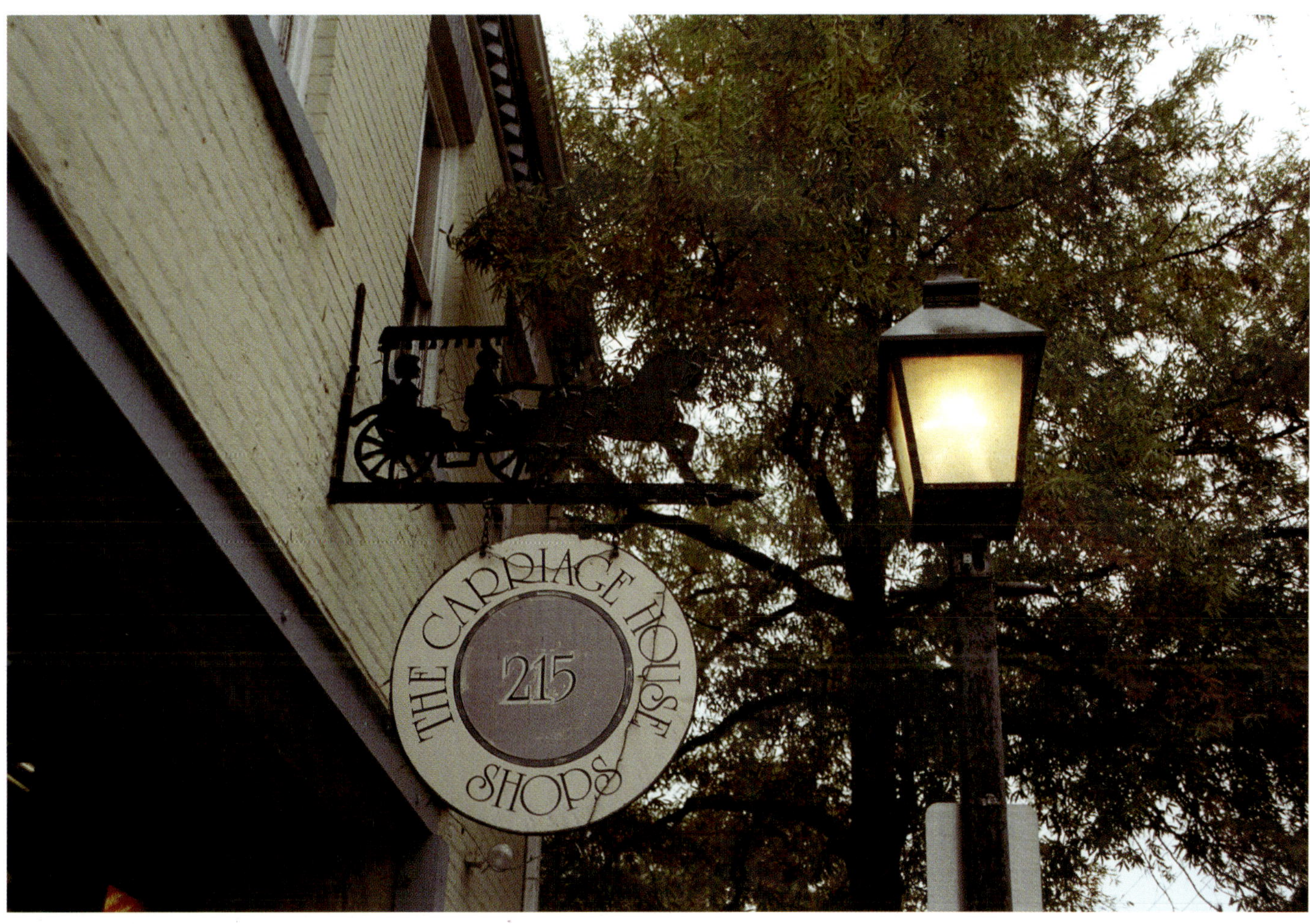

Sign and lantern
Sign and lantern placed at «The Carriage House» Shop. It is located on 215 South Union Street. Public opening on June 1980.
Alexandria - Virginia - U.S.A.

Iglesia Matriz y farola
Iglesia construida en 1855. Está ubicada en la Plaza Grau.
Callao - Lima - PERÚ

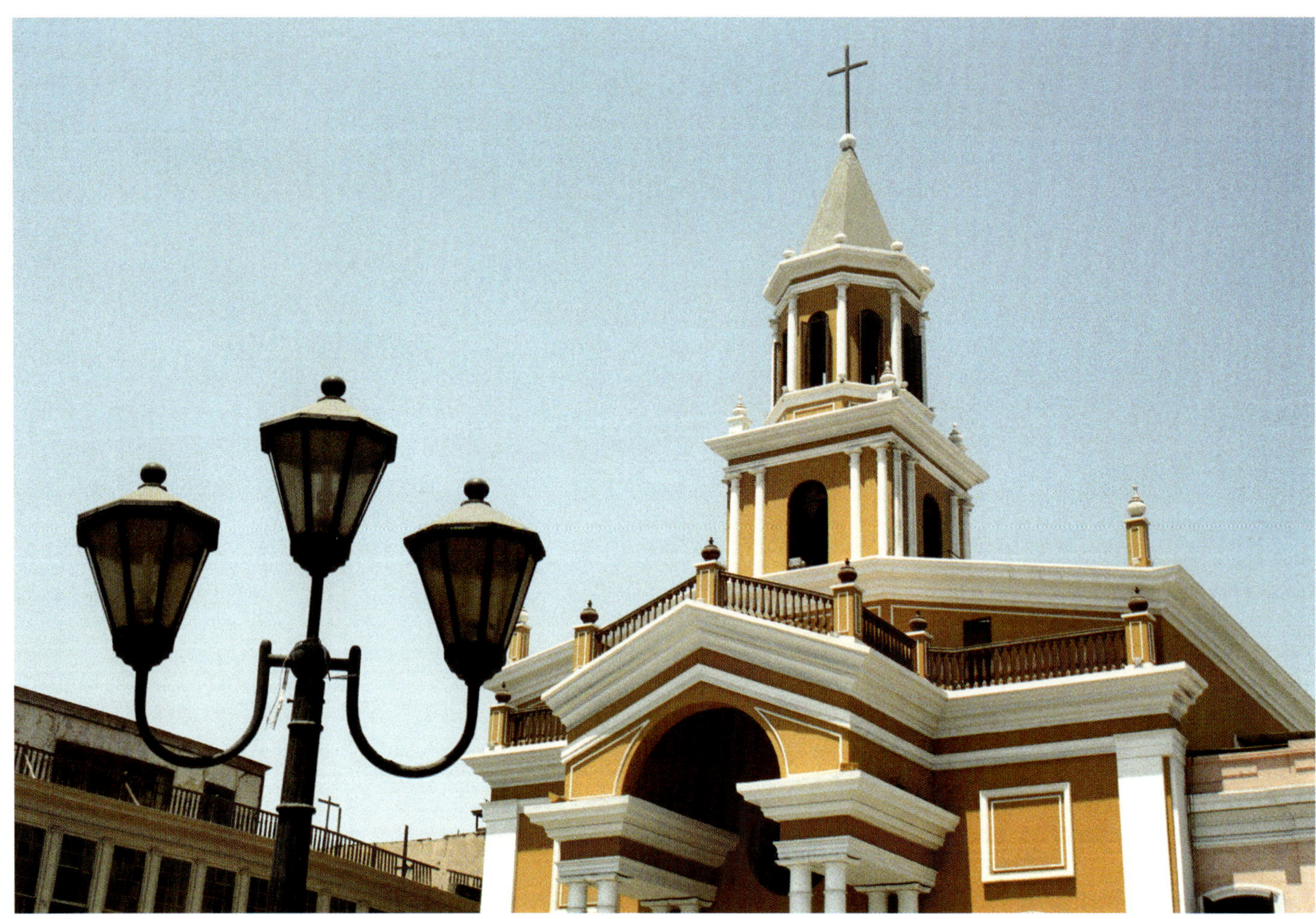

Matriz Church and lamp-post
Church built in 1855. It is located at the Grau Place.
Callao - Lima - PERU

Instituto Smithsonian y farola
El Castillo fue diseñado por el arquitecto James Renwick y terminado en **1855**, según testamento del científico inglés James Smithson. Construido de piedra arenisca roja traída de la ensenada de Séneca en Maryland, en estilo Normando. Está ubicado en Jefferson Drive S. W. 1000.
Washington, D.C. - EE.UU.

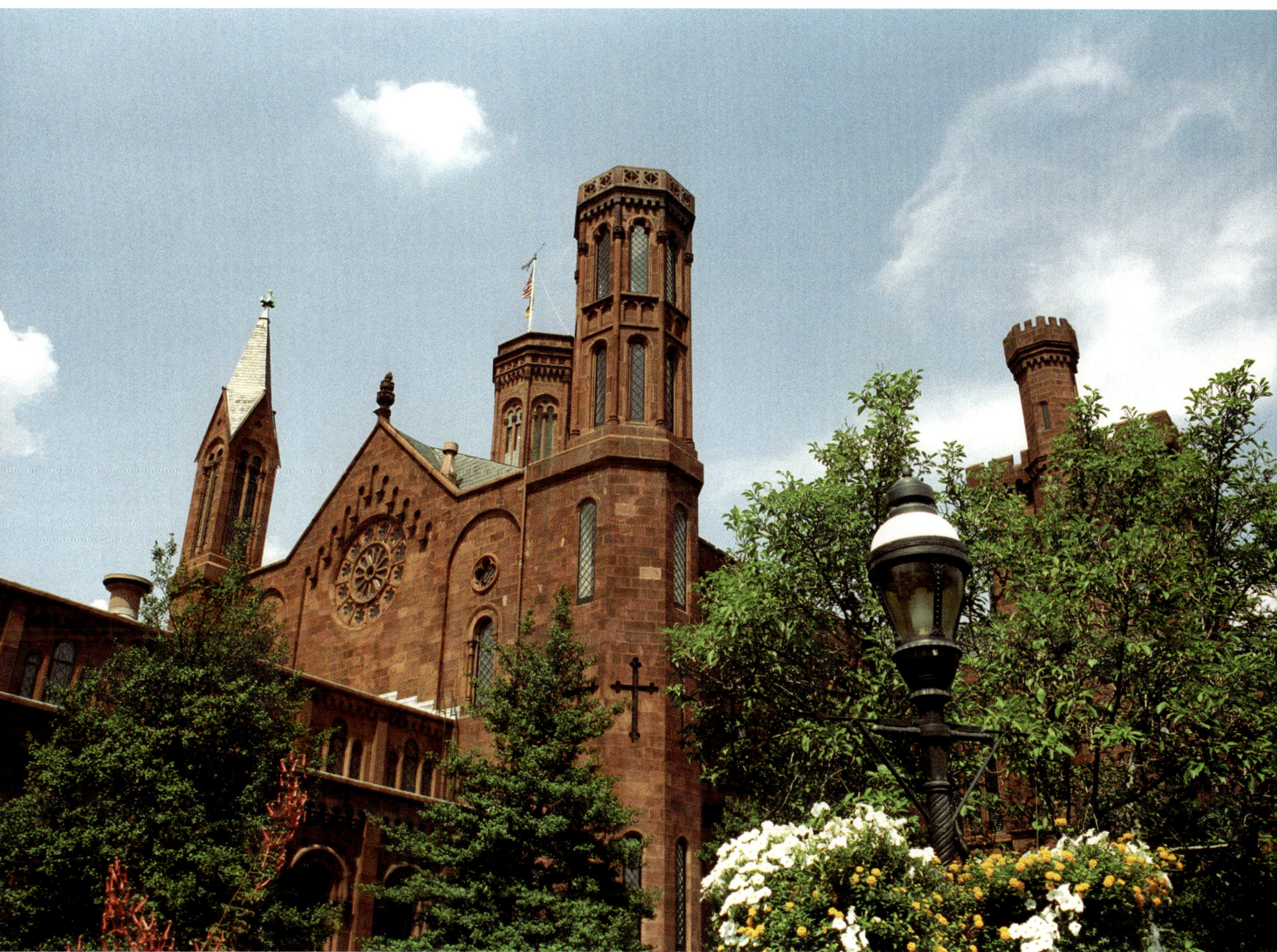

Smithsonian Institute Building and lamp-post
*The Castle was designed by architect James Renwick and completed in **1855**, according to the will of English scientist James Smithson. It was constructed of red sandstone from Seneca Creek, Maryland, in Norman style. It is located on 1000 S. W. Jefferson Drive.*
Washington, D.C. - U.S.A.

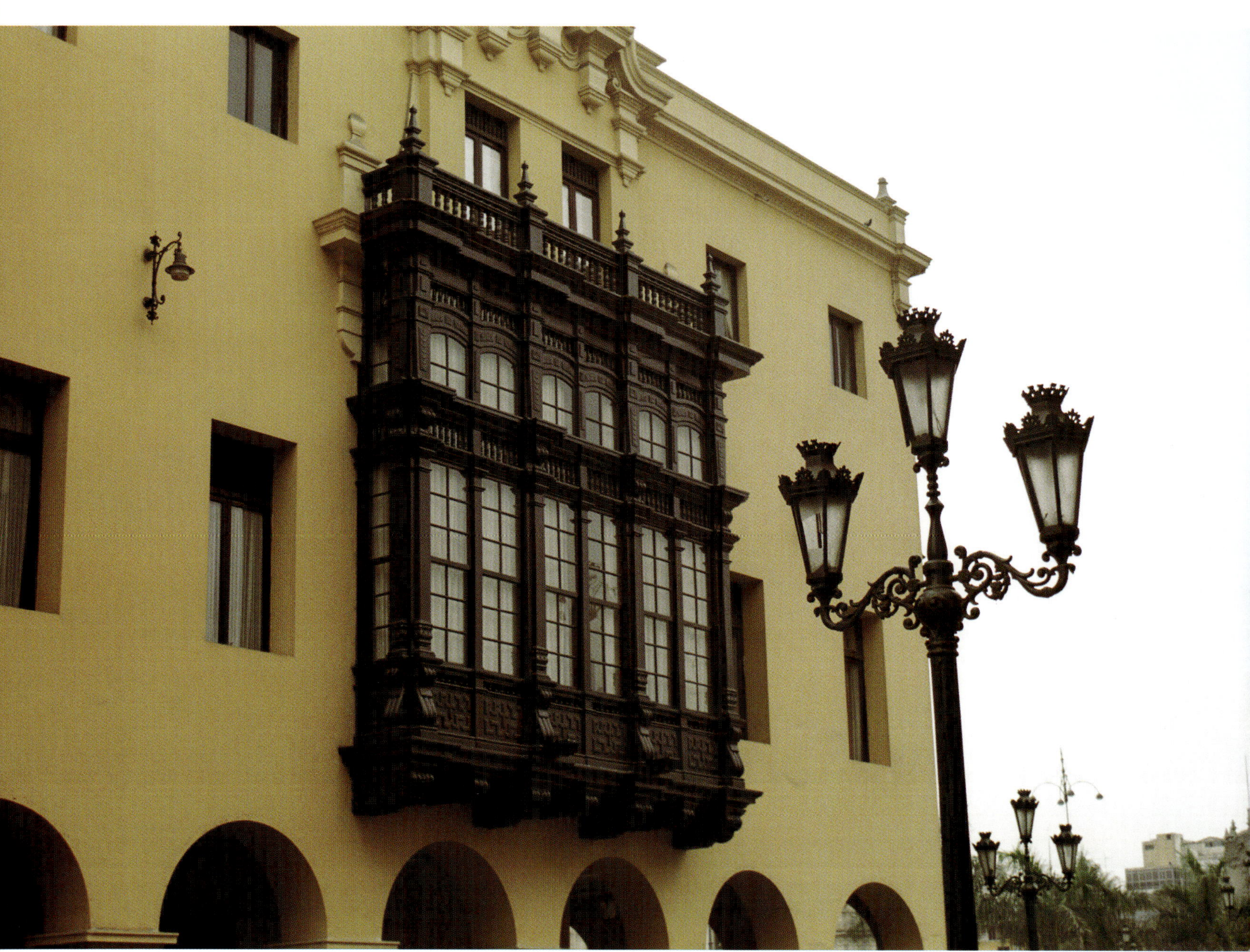

Farola y Edificio de Artes e Industrias
Edificio diseñado en estilo victoriano por la firma de arquitectos de Washington Cluss & Schulze, abrió en 1881. Está ubicado en Jefferson Drive S. W. 900.
Washington, D.C. - EE.UU.

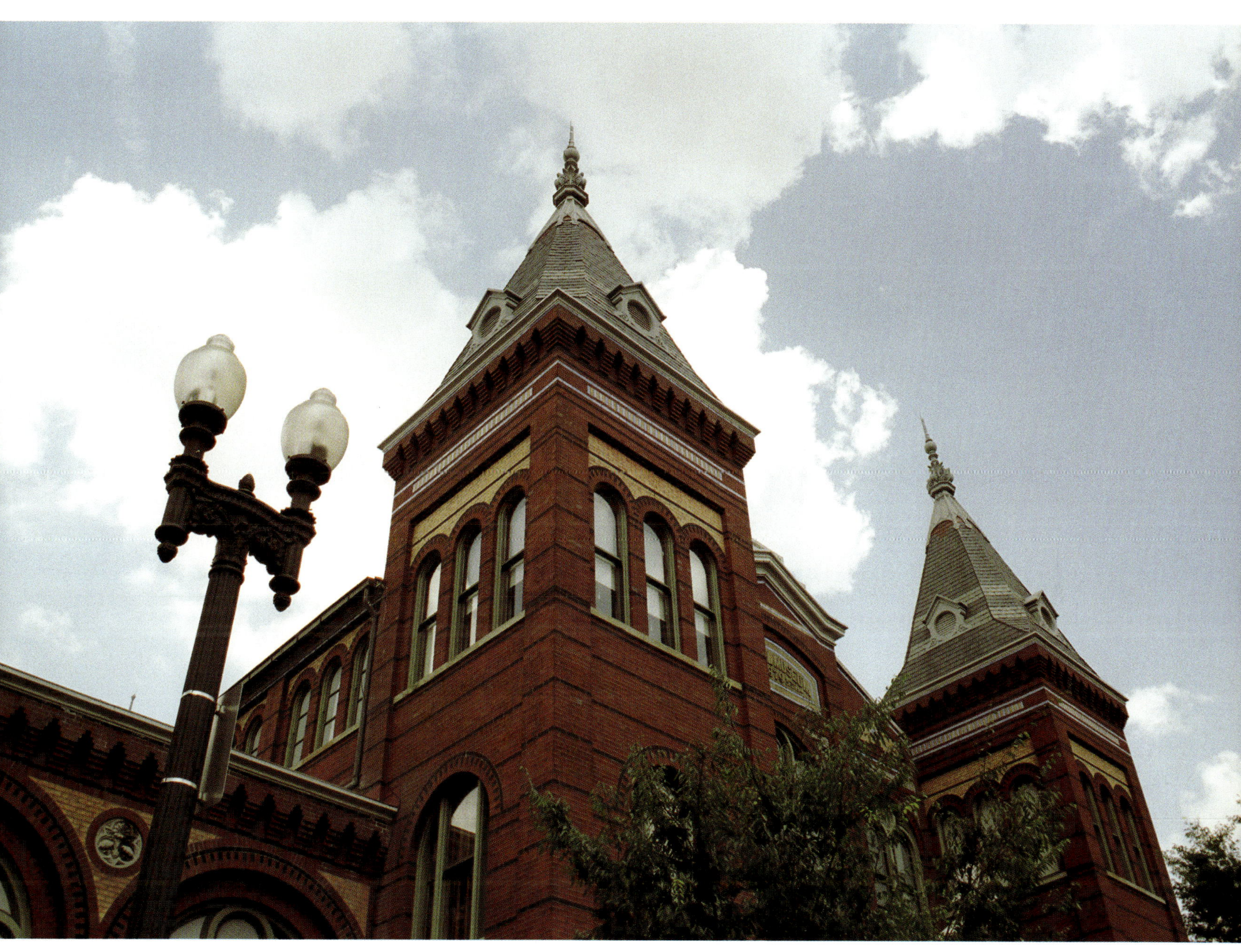

Lamp-post and Arts and Industries Building
Building designed in a High Victorian style by the Washington architectural firm of Cluss & Schulze, it opened in 1881. It's located on 900 Jefferson Drive S.W.
Washington, D.C. - U.S.A.

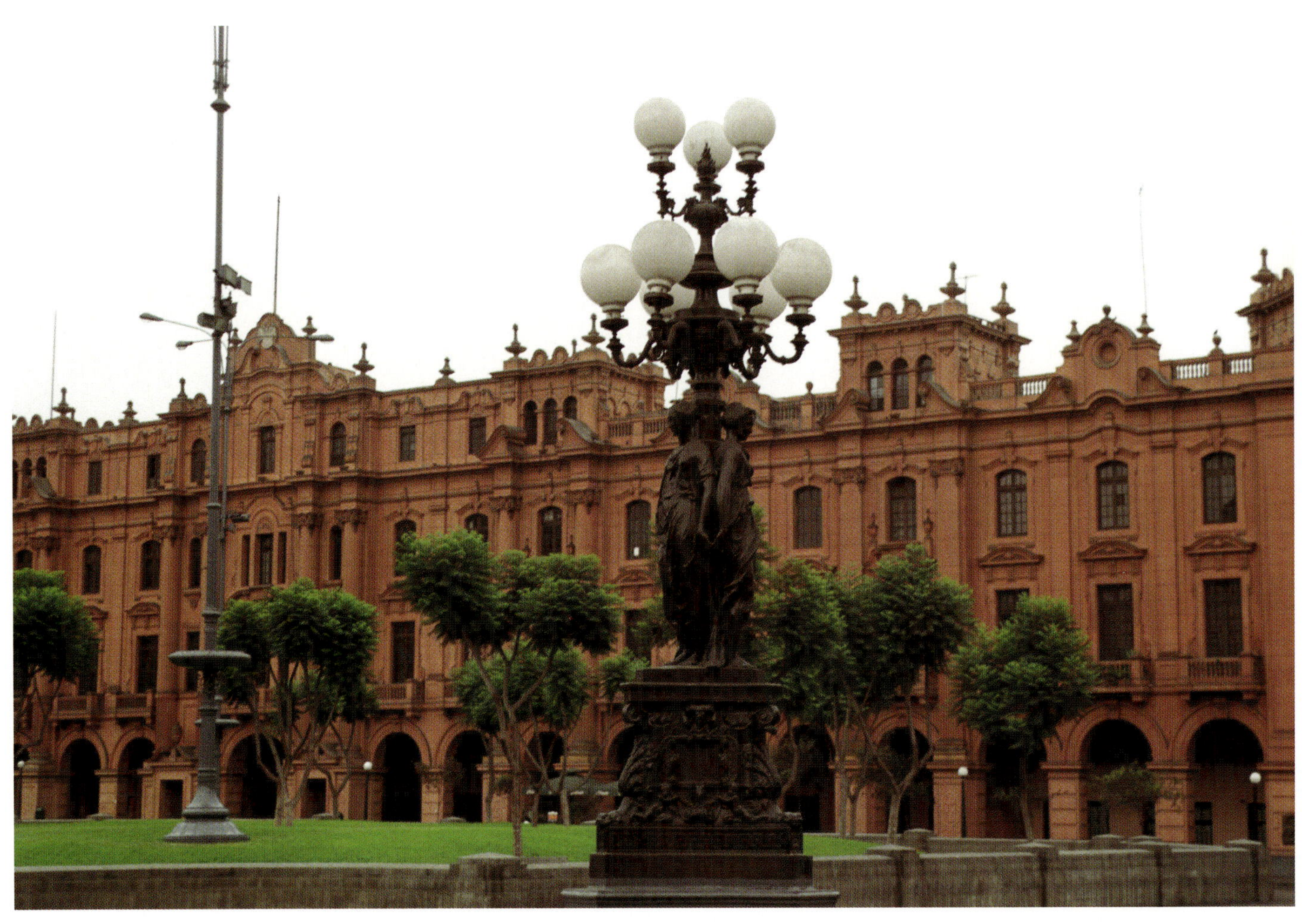

Farola y Plaza San Martín
Escultura 'Las Tres Gracias' realizada en hierro por el artista francés Jean Goujon en **1915**. Se ubicó en la Plaza San Martín en 1921.
Cercado de Lima - PERÚ

Lamp-post and San Martin Place
*'The Three Graces' sculpture was made in iron by French artist Jean Goujon in **1915**. It was placed on San Martin Place in 1921.*
Cercado de Lima - PERU

Página 113
Farola y edificio Thomas Jefferson
Farola de hierro esculpida por Roland Hinton Perry en **1898**. Está ubicada en la Fachada Oeste.
Washington, D.C. - EE.UU.

Page 113
Lantern and Thomas Jefferson Building
*Iron lantern sculptured by Roland Hinton Perry in **1898**. It was placed on the West front.*
Washington, D.C. - U.S.A.

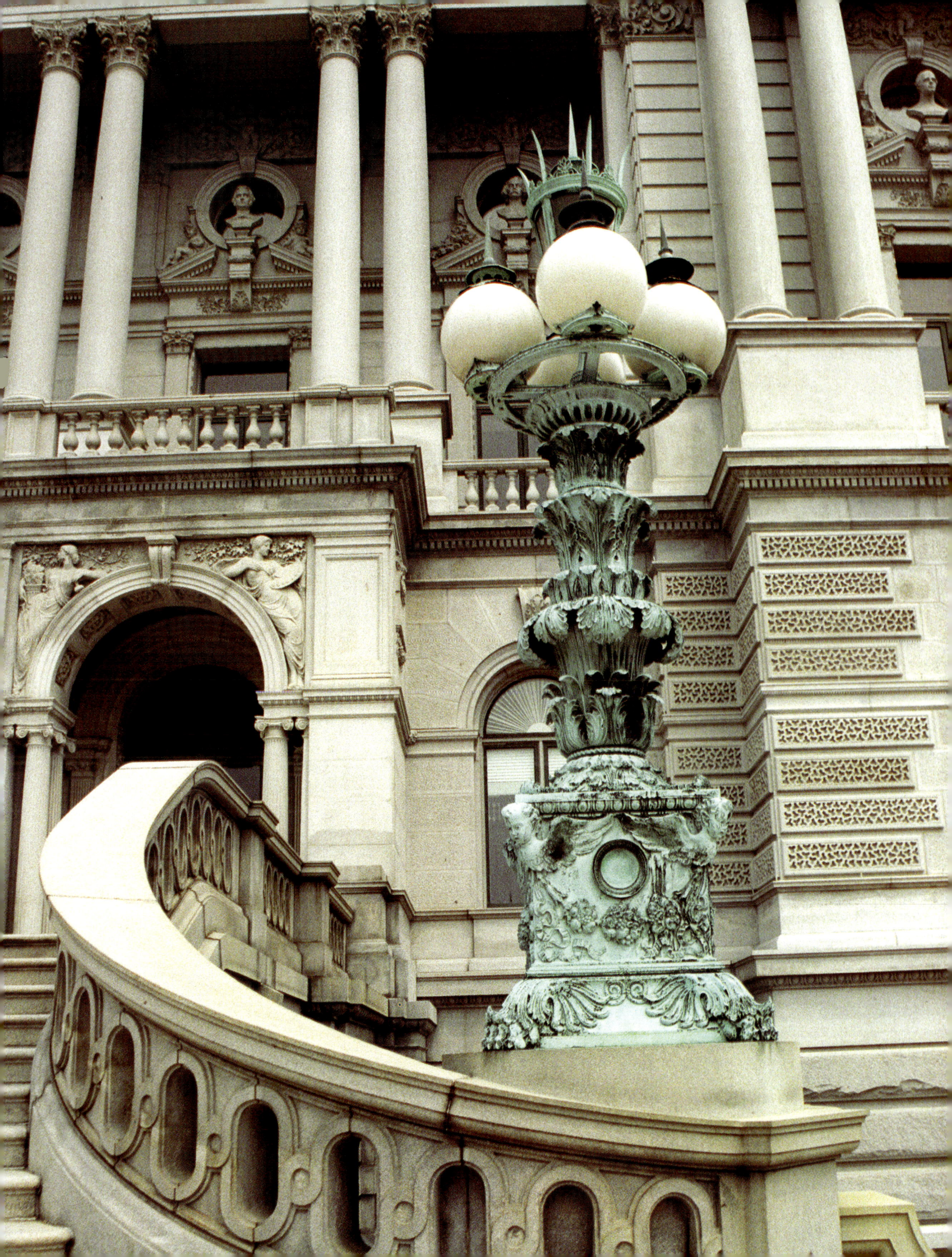

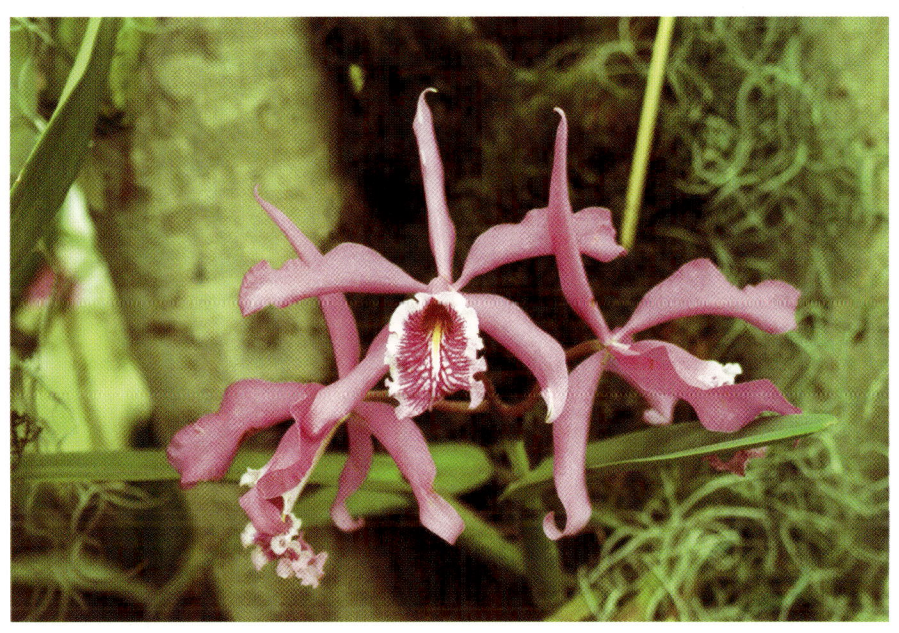

FLORA

FLORA

Hongos venenosos
Amaru - Huancavelica - PERÚ

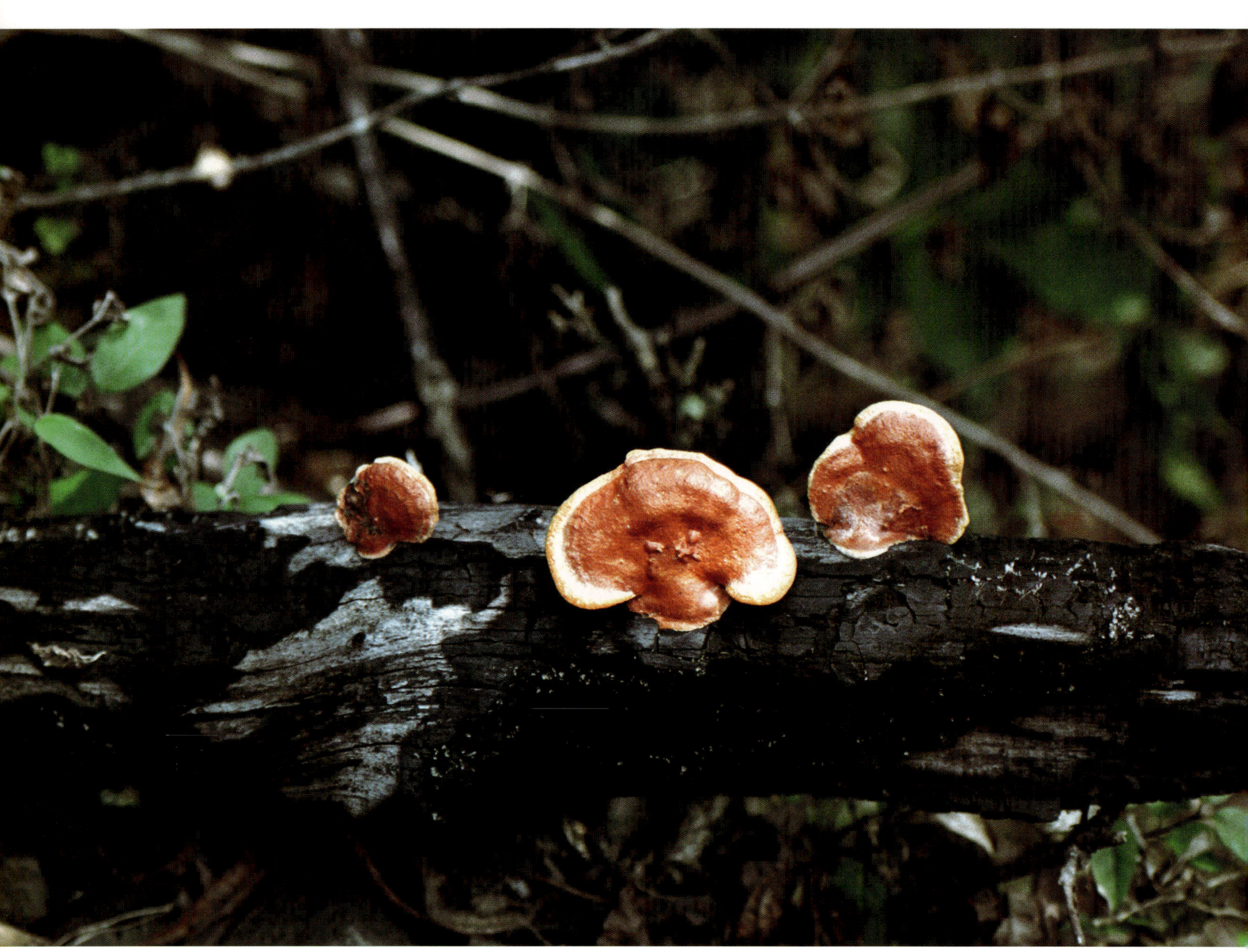

Poisonous mushrooms
Amaru - Huancavelica - PERU

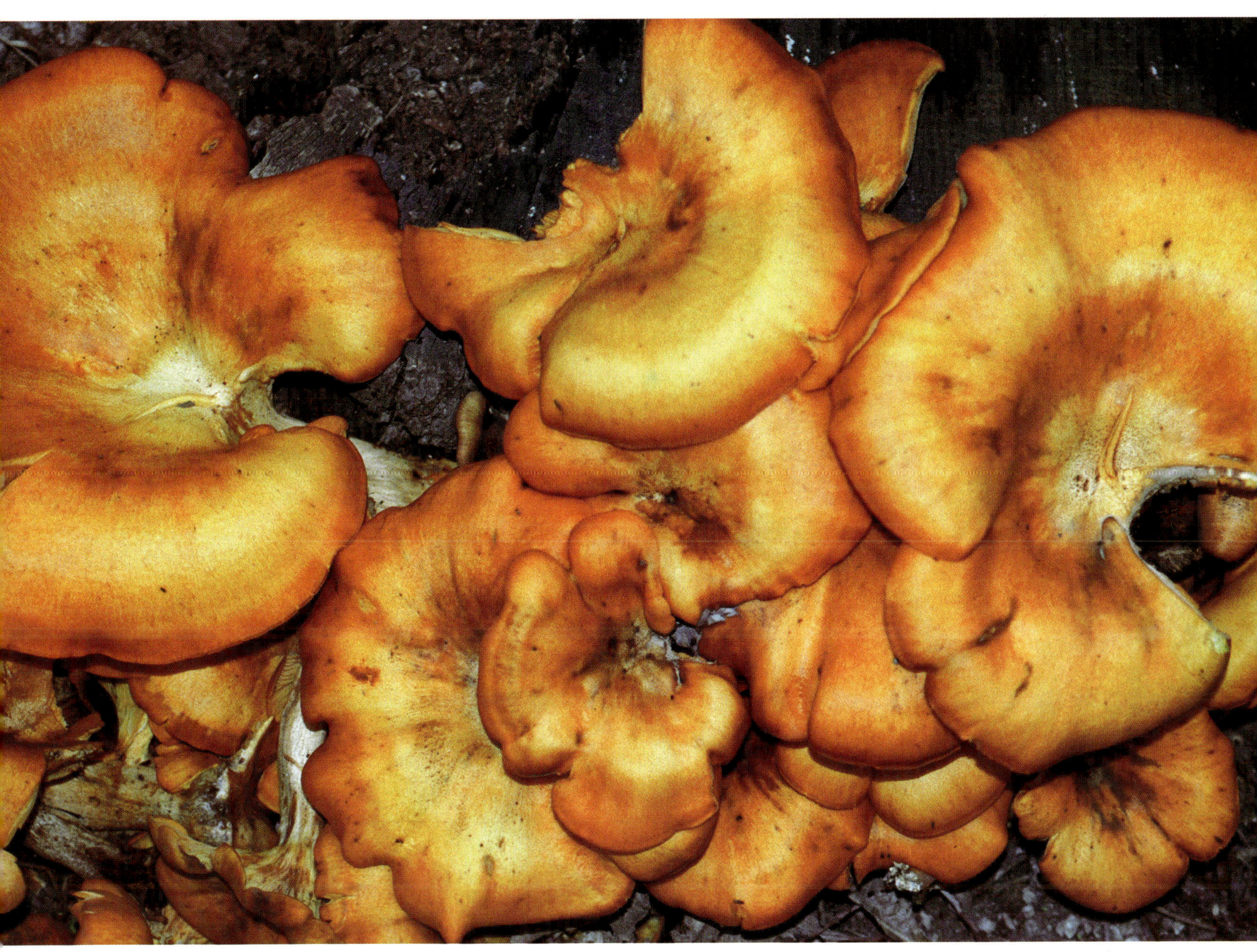

Forest mushrooms
Burke - Virginia - U.S.A.

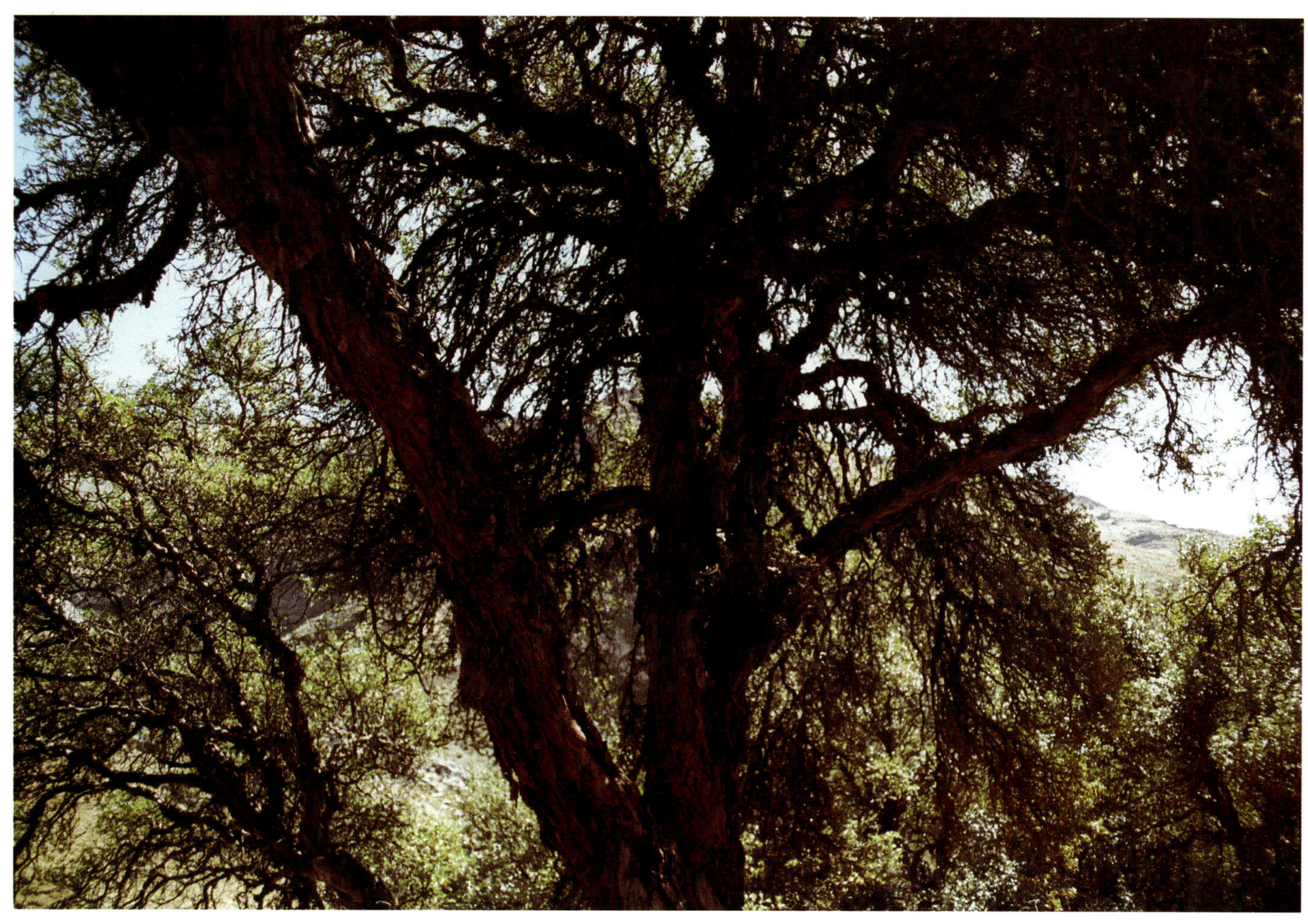

Quenual en invierno
Quebrada Quichas - Pasco - PERÚ

Quenual tree in winter
Quichas Ravine - Pasco - PERU

Páginas 120-121
Flor 'Bastón del emperador'
Mercado de Flores Piedralisa - Rímac - Lima - PERÚ

Pages 120-121
'Emperor truncheon flower
Piedralisa Flowers Market - Rimac - Lima - PERU

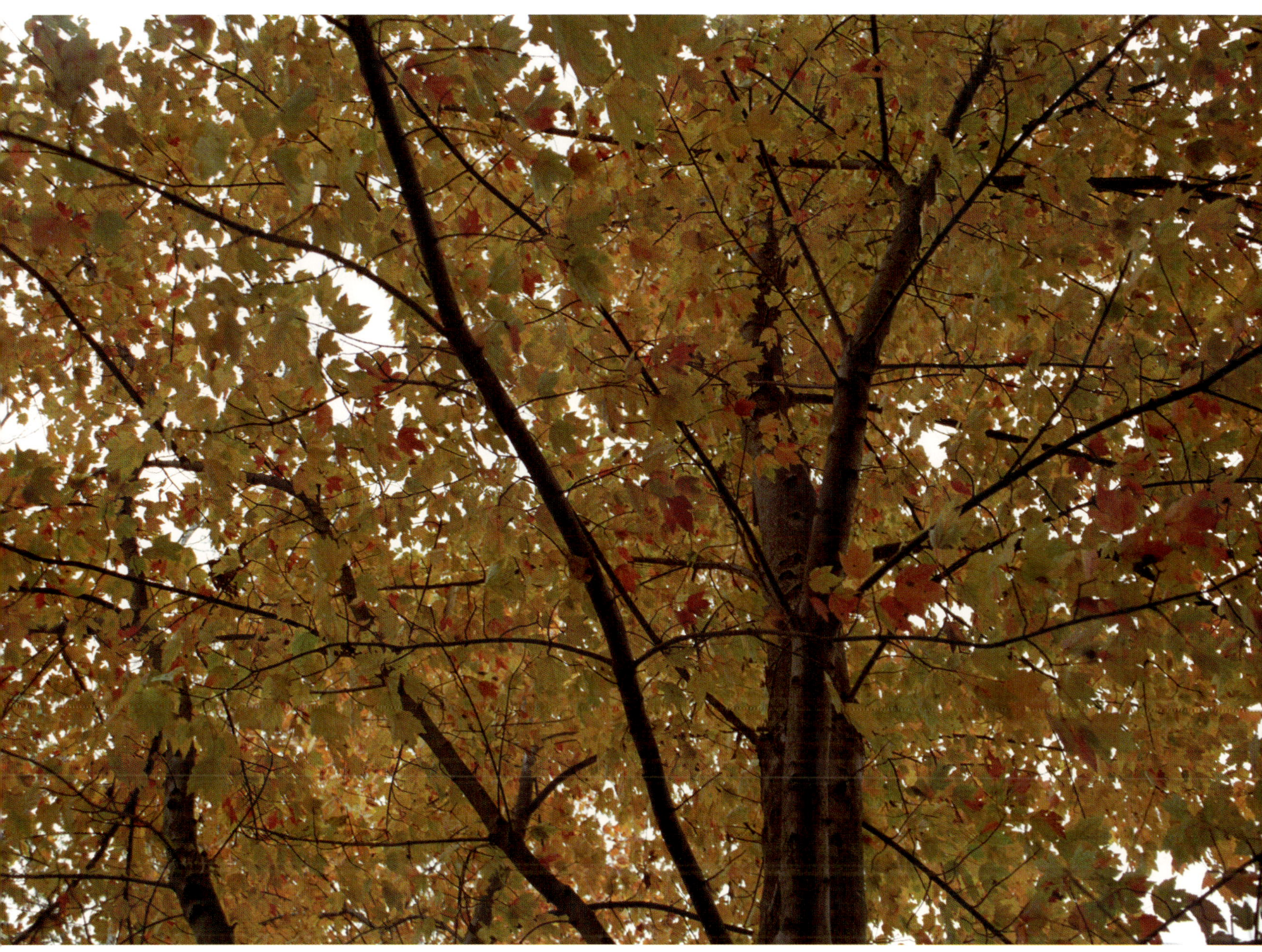

Árbol en otoño
Lago Barton - Burke - Virginia - EE.UU.

Tree in autumn
Lake Barton -Burke - Virginia - U.S.A.

Páginas 122-123
Grupo de petunias
Jardín Municipal - Burke - Virginia - EE.UU.

Pages 122-123
Group of petunia flowers
Municipal Garden - Burke - Virginia - U.S.A.

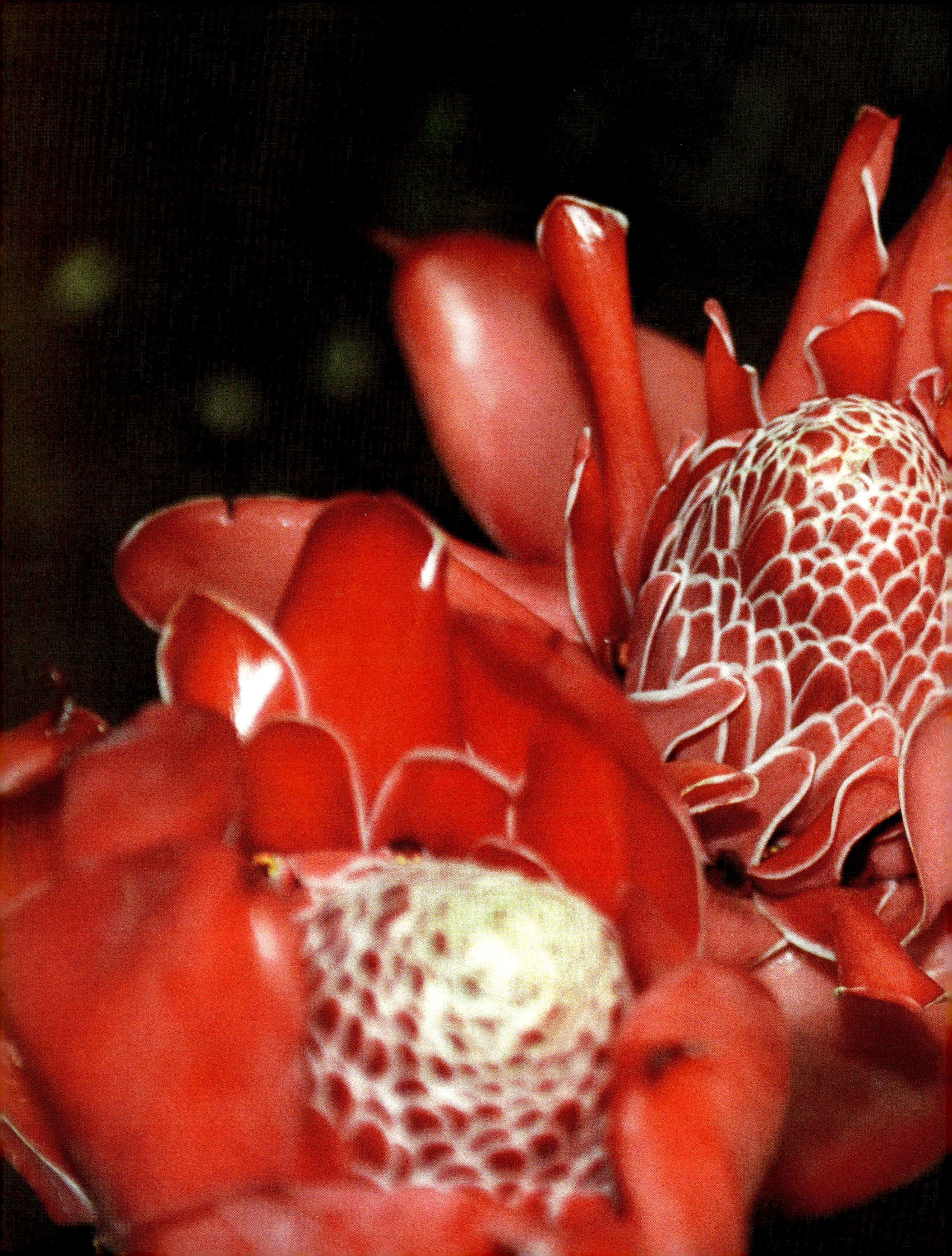

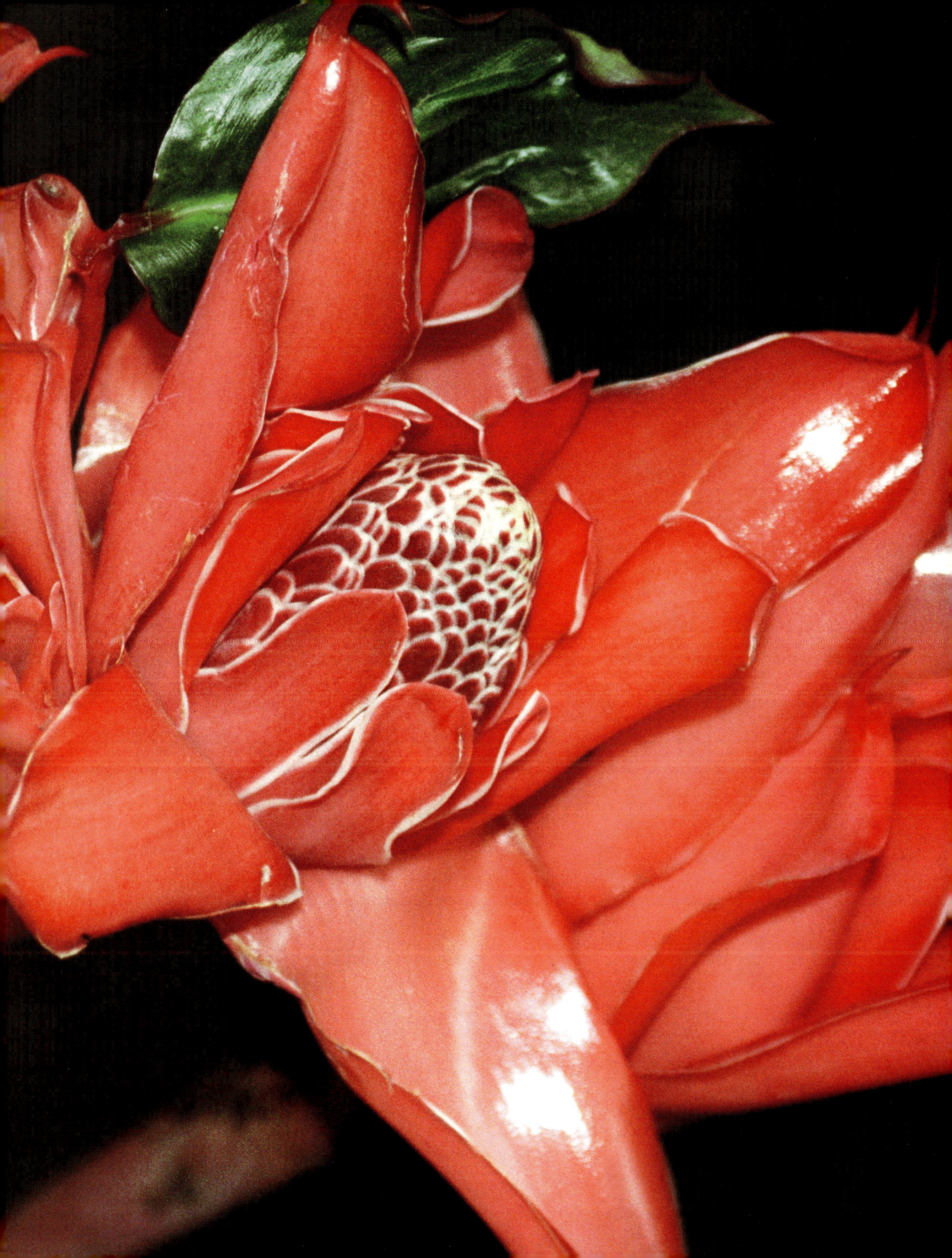

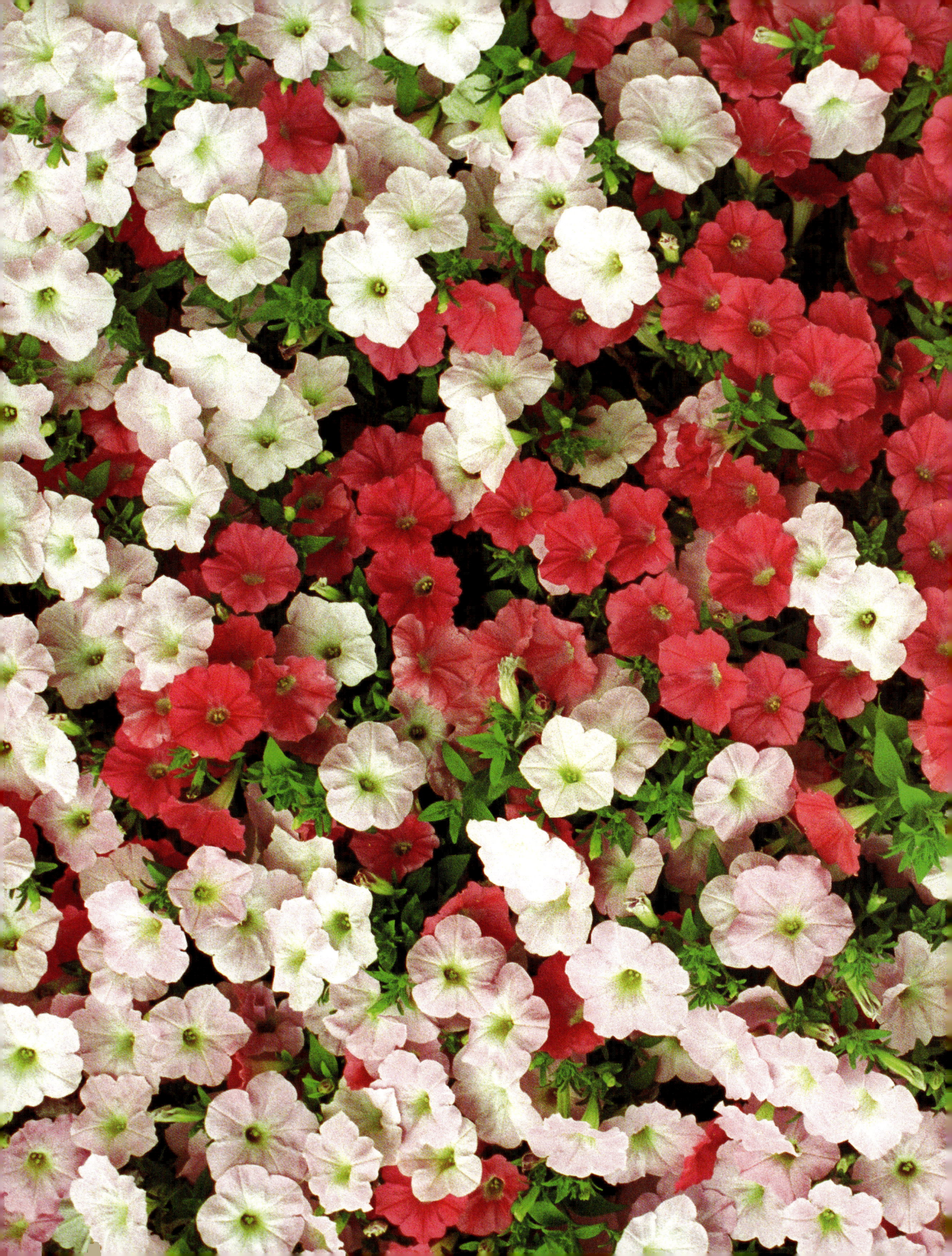

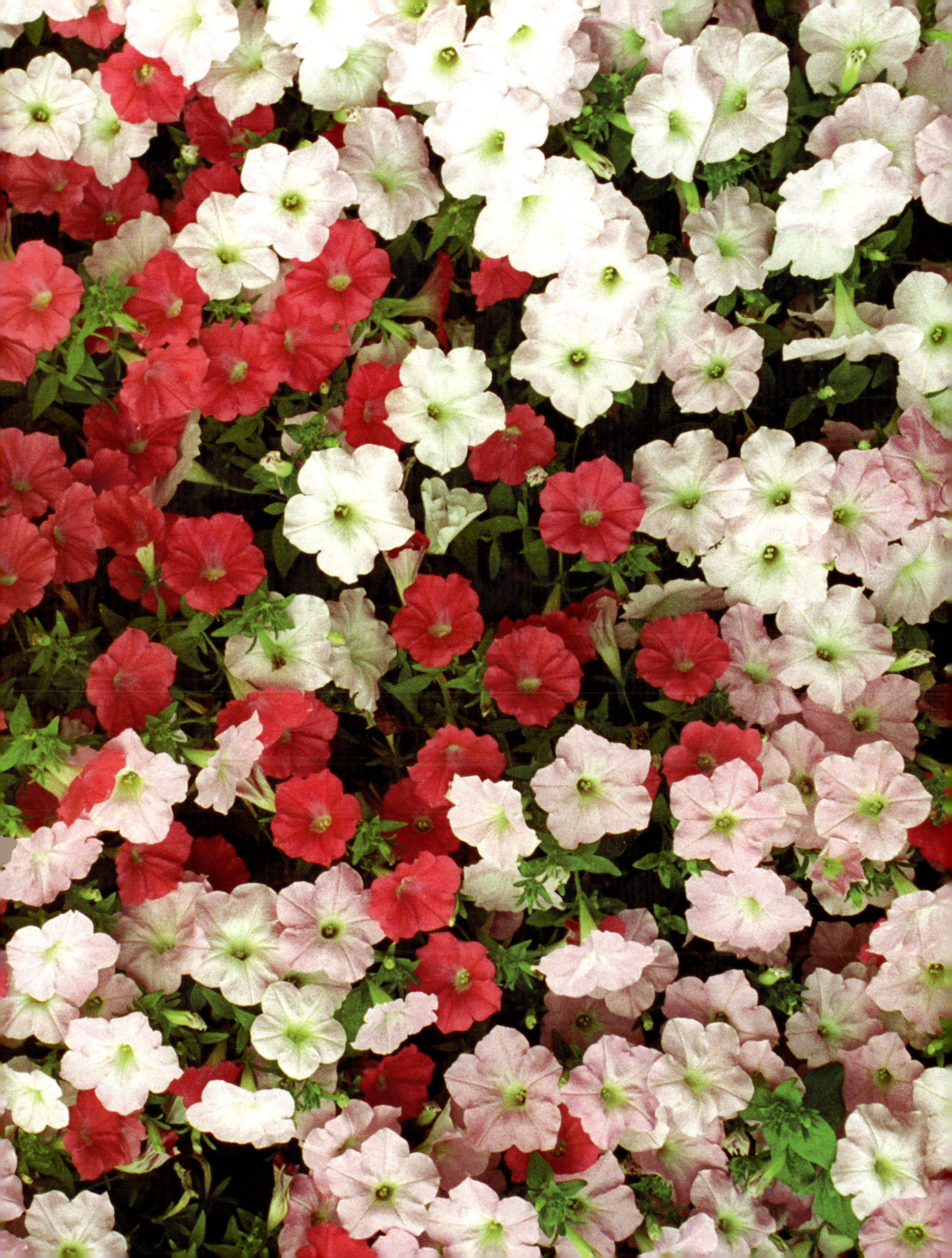

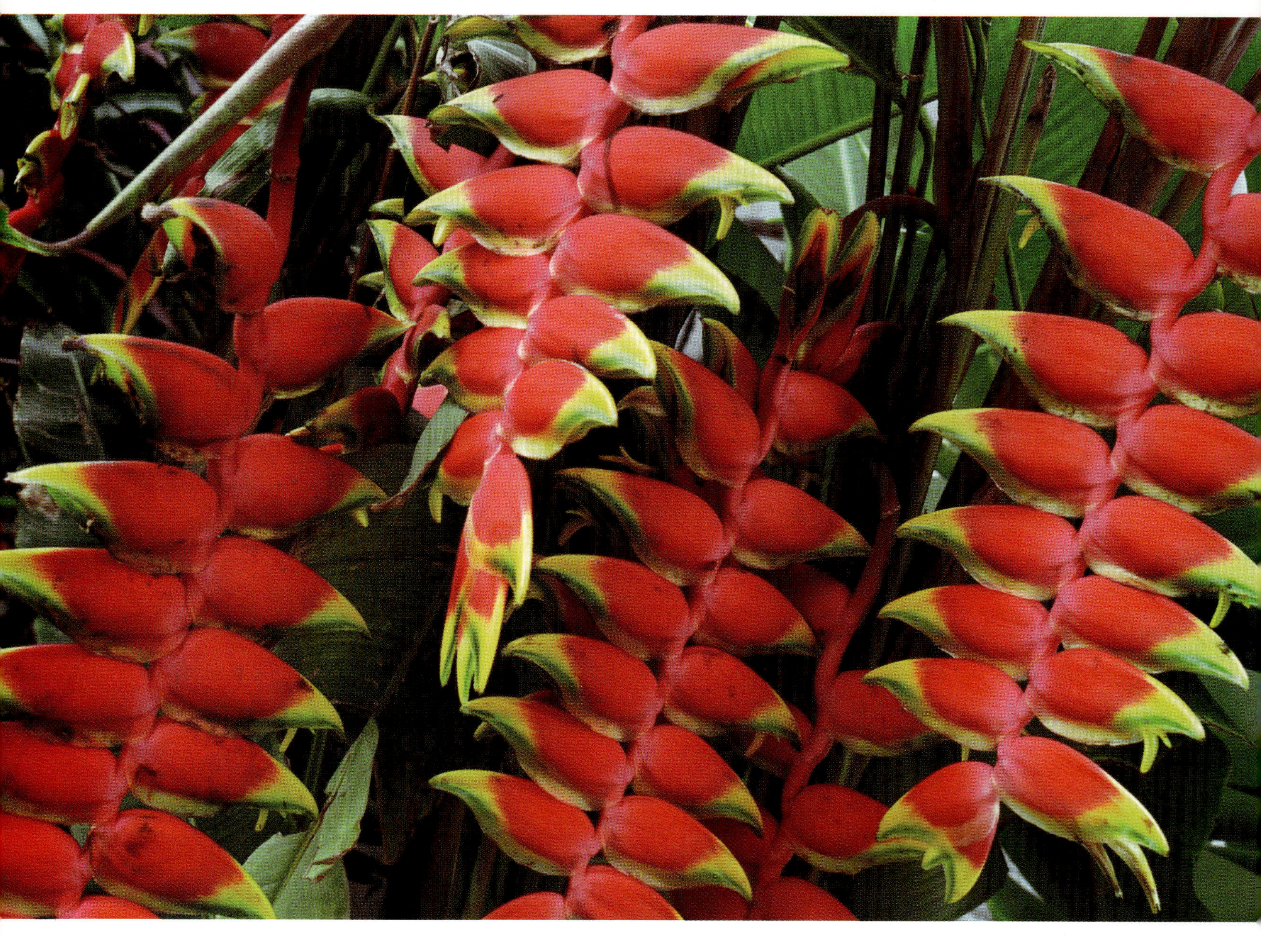

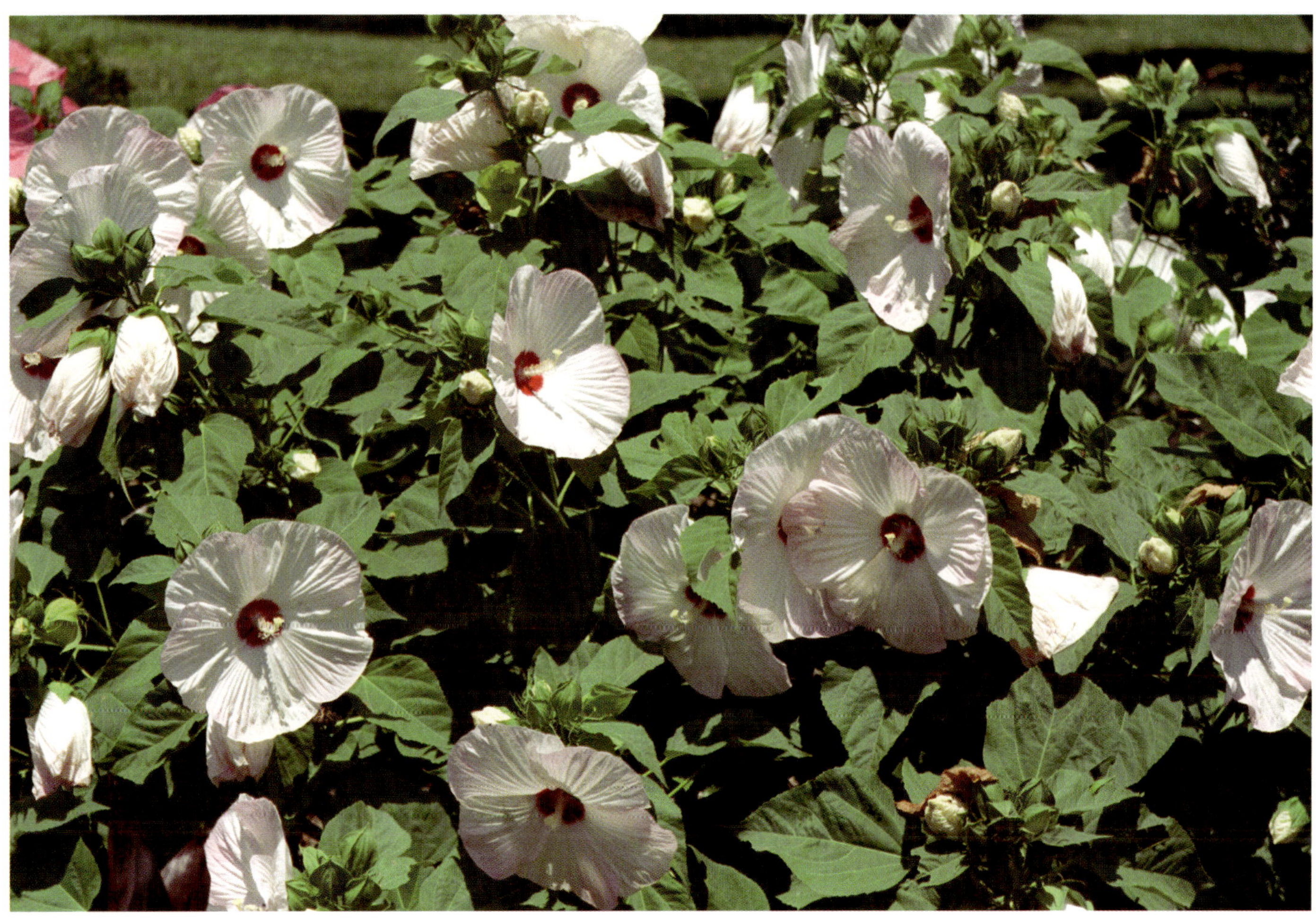

Flor 'hibiscus'
Jardín en colina de Capitolio.
Washington, D.C. - Virginia - EE.UU.

'Hibiscus' flower
Capitol Hill Garden.
Washington, D.C. - Virginia - U.S.A.

Página 124
Flor 'Platanillo'
Vista Alegre - Santiago de Surco - Lima - PERÚ

Page 124
'Platanillo' flower
Vista Alegre - Santiago de Surco - Lima - PERU

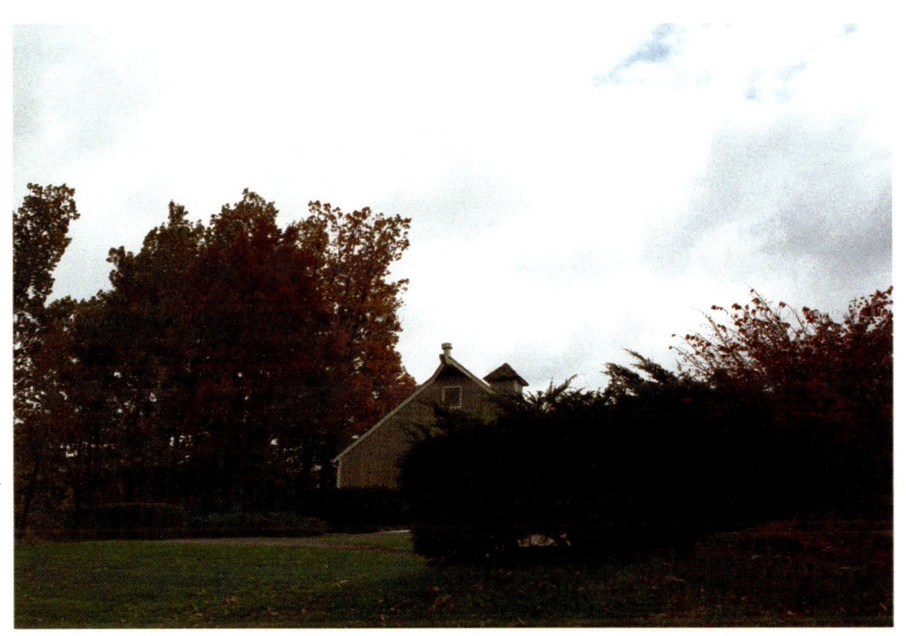

ARQUITECTURA Y PAISAJE

ARCHITECTURE & LANDSCAPE

Iglesia de Canray Chico
Antigua iglesia destruida por un terremoto. Reconstruida en 1971. Se encuentra en el pueblo de Olleros.
Huaraz - Áncash - PERÚ

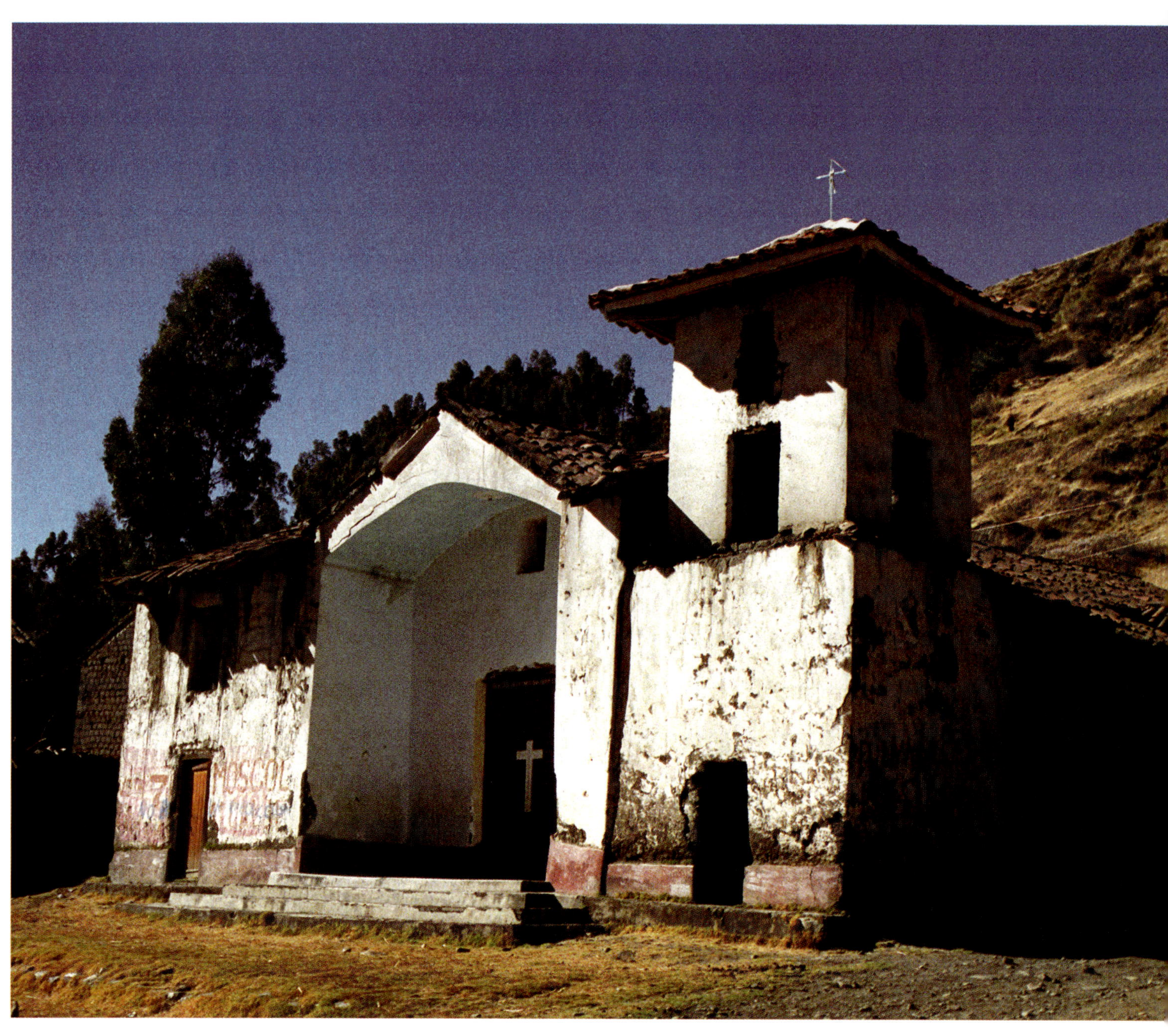

Canray Chico Church
Old church destroyed by an earth-quake. It was rebuilt in 1971. It is located in Olleros Town.
Huaraz - Ancash - PERU

Antigua iglesia presbiteriana
Iglesia construida en **1774**. Se ubica en la calle Royal Sur 316.
Alexandria - Virginia del Norte - EE.UU.

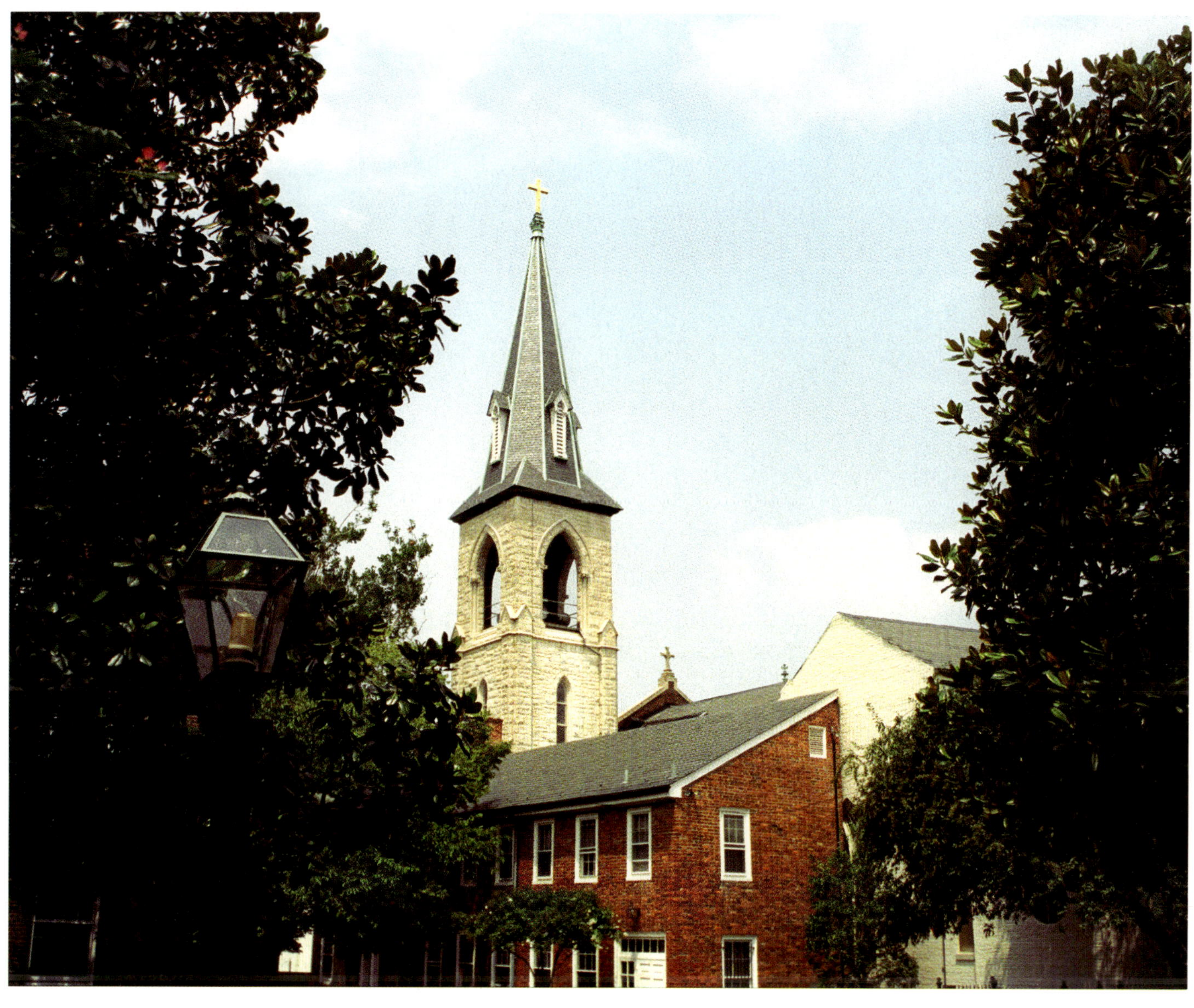

Old Presbyterian Church
*Church built in **1774**. It is located on 316 South Royal Street.*
Alexandria - Northern Virginia - U.S.A.

Torre del Reloj y Parque Universitario
La torre fue construida en concreto en 1921 por el gobierno alemán para conmemorar los 100 años de la Independencia del Perú.
Lima - PERÚ

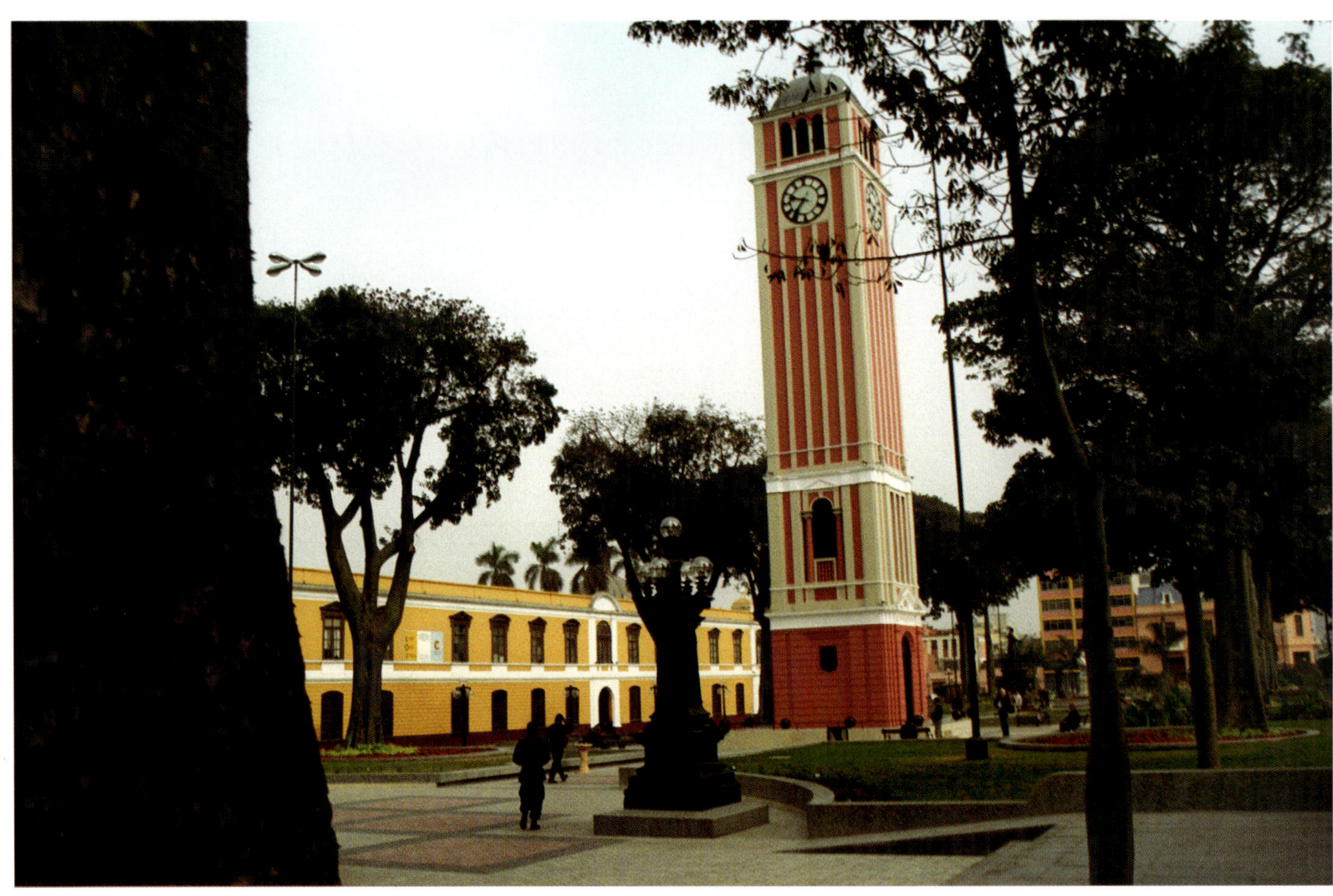

Clock Tower and Universitario Park
The Tower was built in concrete in 1921 by the German Government to commemorate the 100th Anniversary of the Independence of Peru.
Lima - PERU

Monumento a Washington y Estanque Tidal
Obelisco construido en mármol blanco y terminado en 1884. Se eleva 169.2 metros de alto y se encuentra en el Nacional Mall.
Washington, D.C. - EE.UU.

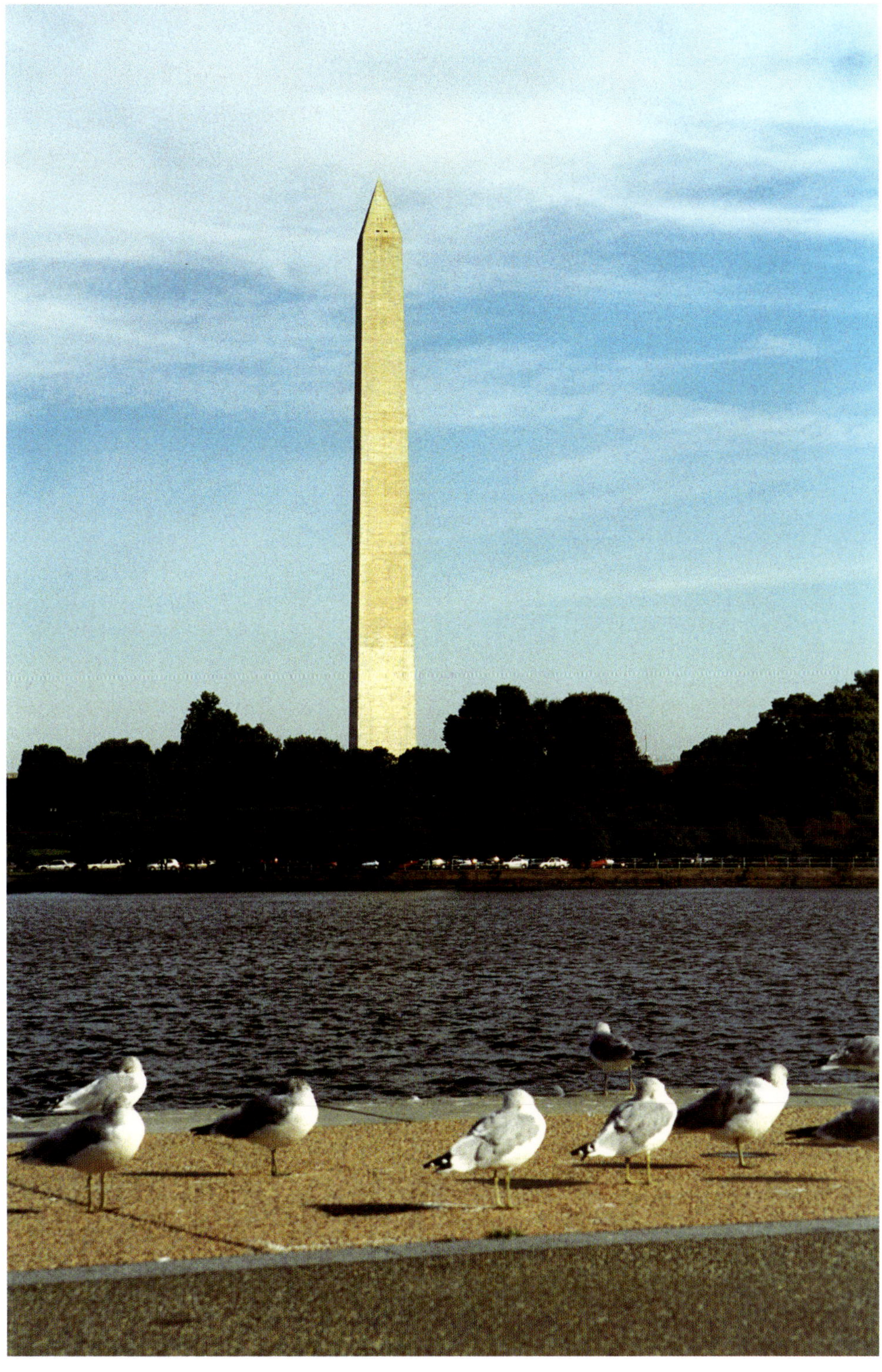

Washington monument and Tidal Basin
Obelisk built in white marble and completed in 1884. It shaft rises 555 feet and stands on the National Mall.
Washington, D.C. - U.S.A.

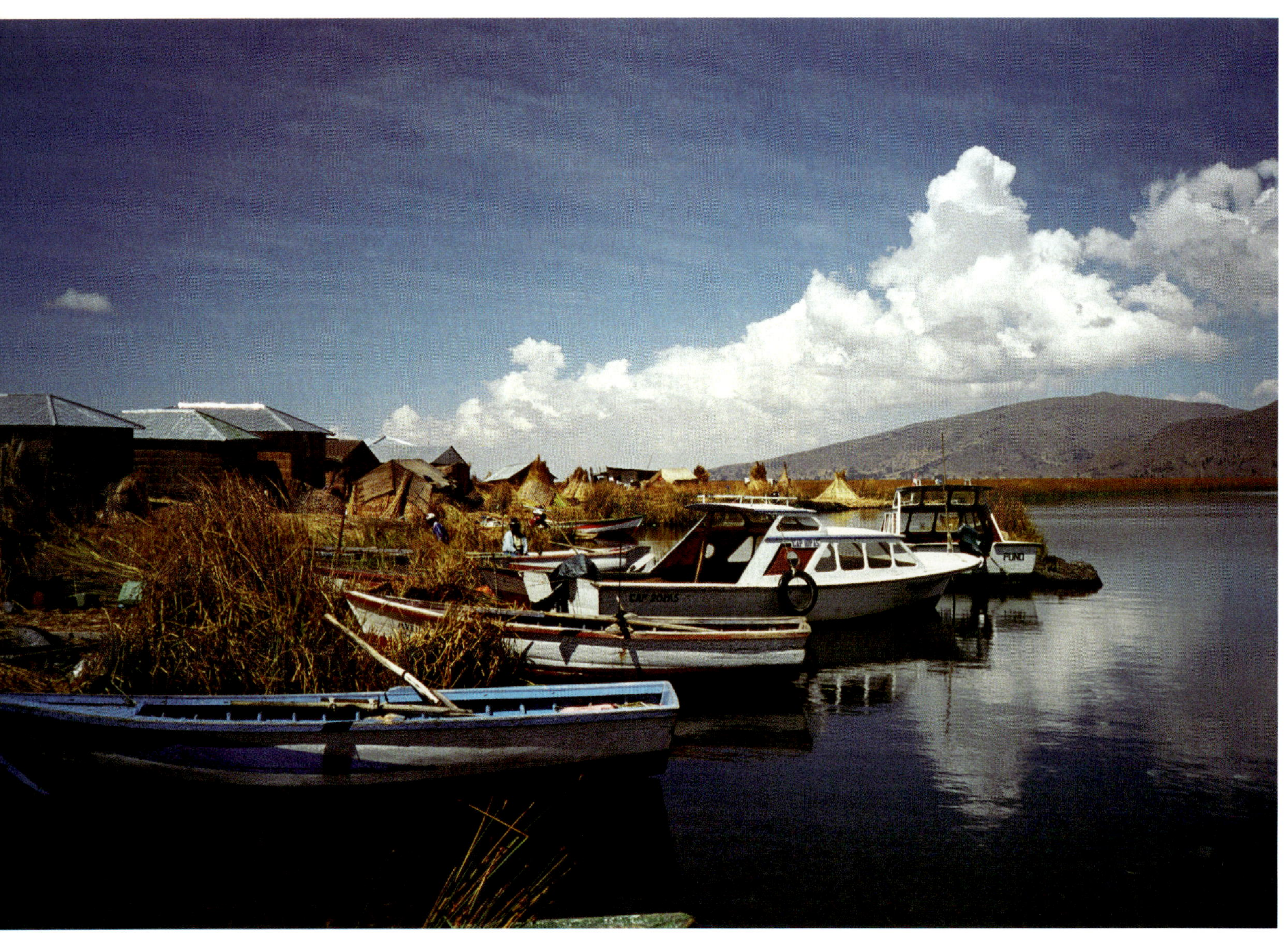

Los Uros Island and Titicaca Lake
They are over 3,810 meters of altitude.
Puno - PERU

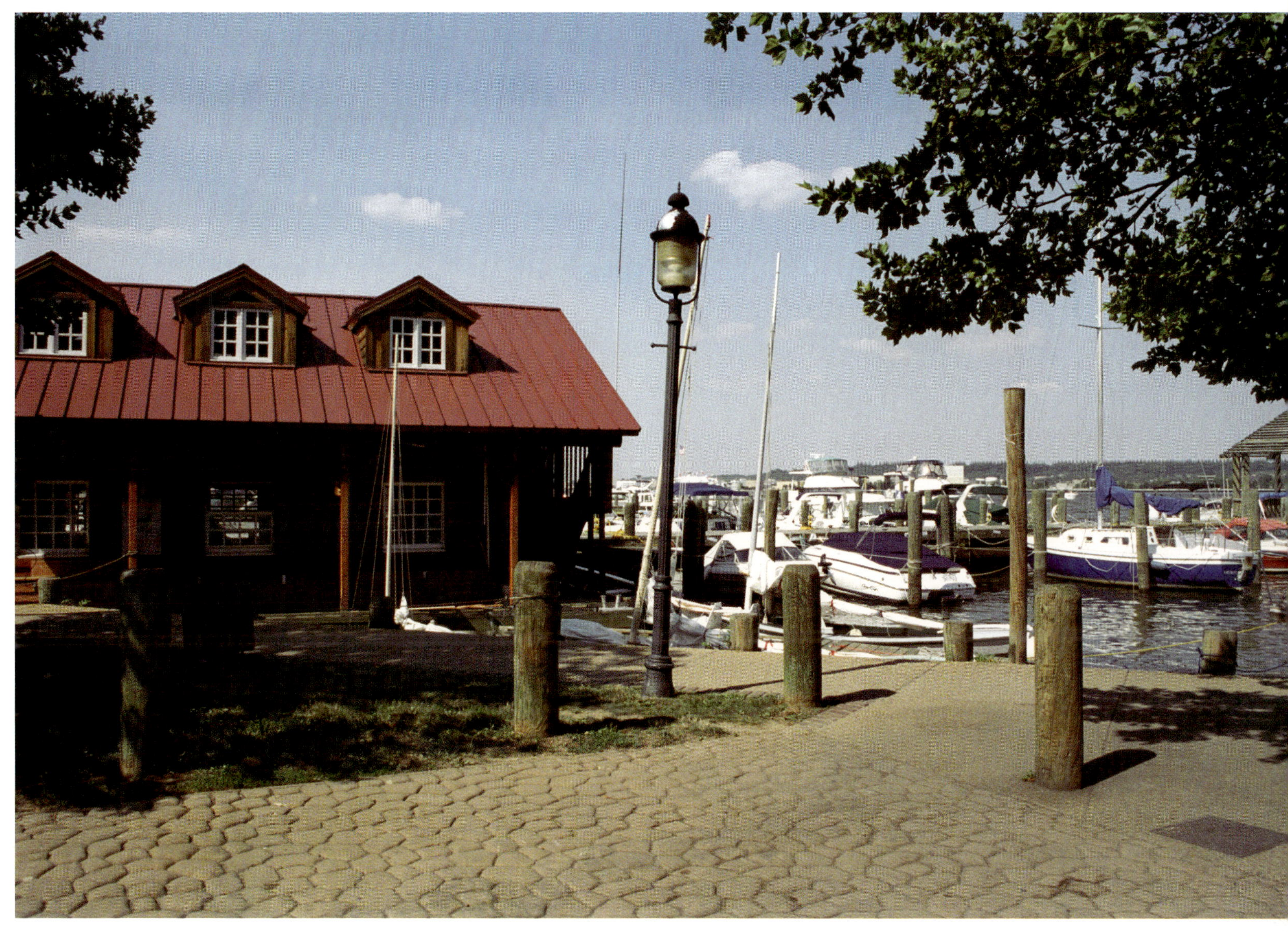

Alexandria City Marina and Potomac River
*Marina constructed in **1983**.*
Alexandria - Virginia - U.S.A.

Chullpa y lago Umayo
La chullpa es una tumba funeraria. Forma parte de la Necrópolis de Sillustani. Fue construida en el Siglo XV.
Atuncolla - Puno - PERÚ

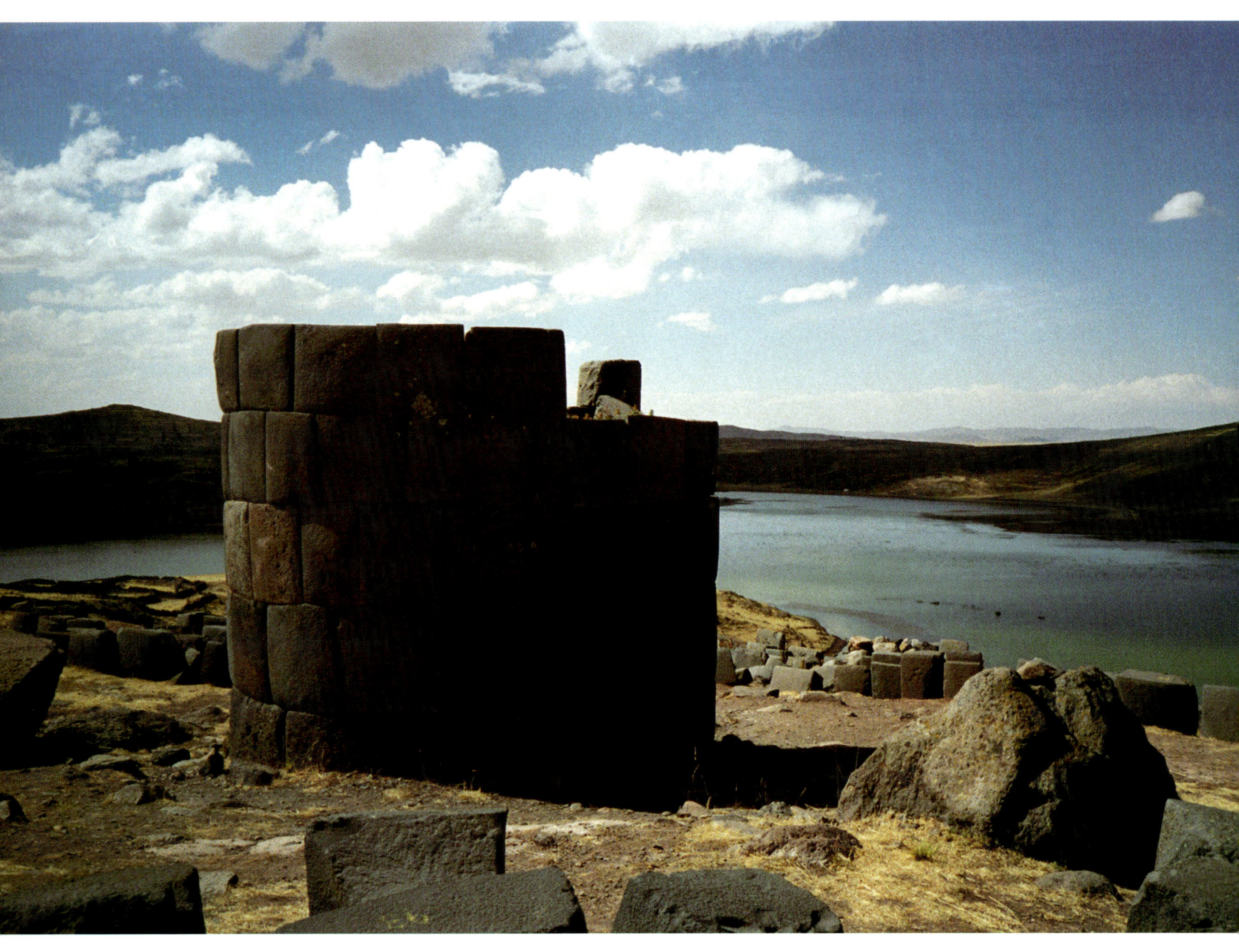

Chullpa & Umayo Lake
The Chullpa is a funeral tomb. It is part of the Sillustani Necropolis Site. It was built in the XV Century.
Atuncolla - Puno - PERU

Tumbas y bosque
Tumbas ubicadas en el Cementerio Nacional de Arlington. Robert E. Lee fue el propietario original de esta propiedad construida en 1864.
Arlington - Virginia - EE.UU.

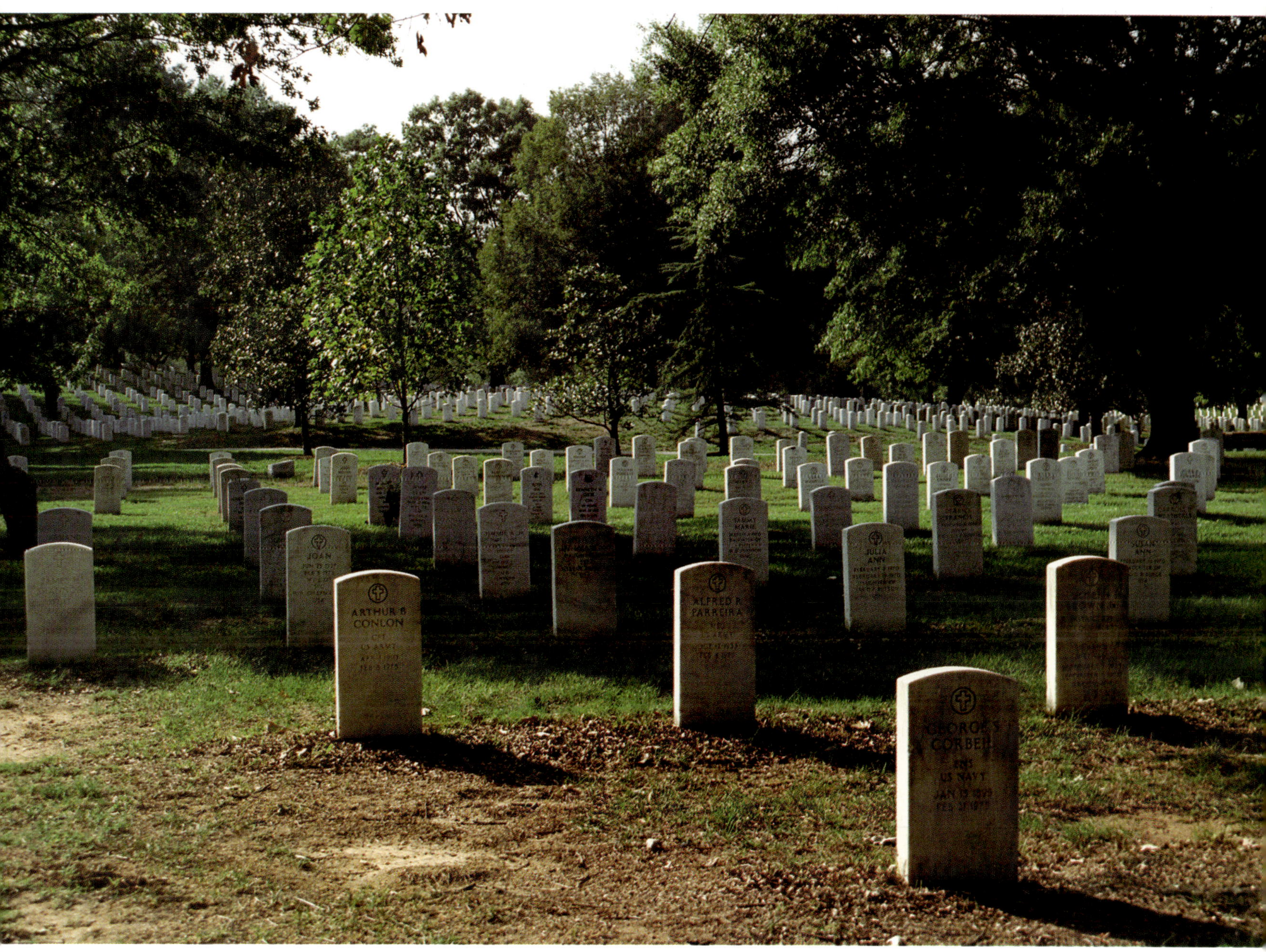

Tombs and forest
Tombs located at Arlington National Cemetery. Robert E. Lee was the original owner of this property built in 1864.
Arlington - Virginia - U.S.A.

RICARDO OLEA nació en Lima - PERÚ. Arquitecto de profesión, especializado en arquitectura paisajista, graduado en Comercio Exterior; fotógrafo por pasión, su especialidad es la fotografía arquitectónica.

Sus fotografías tienen un carácter testimonial y documental, pues en ellas recoge sus impresiones de la arquitectura, el paisaje urbano, la gente, las costumbres, y los paisajes de los países que visita, y desde su perspectiva y punto de vista de arquitecto, presenta en imágenes a color la riqueza cultural de los lugares. Japón, Estados Unidos, y Perú son los países de los cuales ha presentado exposiciones fotográficas.

En cada muestra trata de transportar al público al corazón de un país o una ciudad, en un viaje fotográfico y una aventura a su pasado y presente, pues tanto lo tradicional como lo actual es rescatado por él.

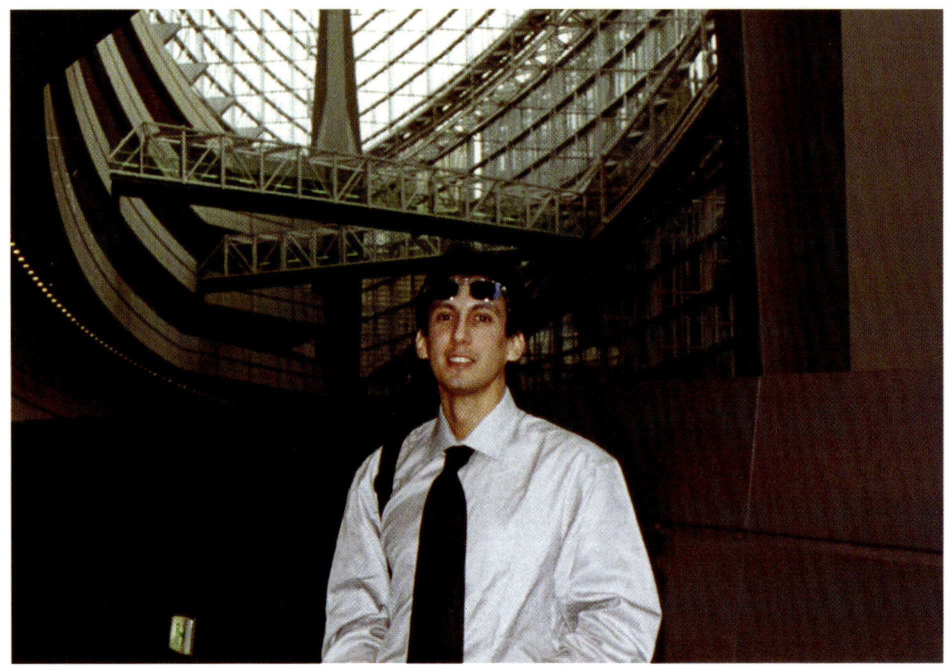

RICARDO OLEA *was born in Lima - PERU. He is an Architect, his specialty is landscape architecture, he is graduated on International Business; passionate in photography, his specialty is architectural photography.*

His pictures have both testimonial and documentary character, since he presents his impressions of architecture, urban landscape, people, costums and landscapes of countries he visits, and since his own perspective and since an architectural point of view he presents in color images cultural riches of cities. He has presented photograph exhibitions about Japan, United States, and Peru.

In each presentation he tries to transport people to the heard of a city or a country, in a photographic journey and adventure to the past and present times, since both traditional and modern aspects are rescue for him.

BALAGUER, Alejandro
Nuestro nombre es hoy
Cuzzi y Cía. S.A., Lima, 1996. 101p.

BULOT, Régis
Relais & chateaux
Istra B.L., Paris, 1993. 612p.

BUNNEL, Peter
Minor white
Princeton University, New Jersey, 1989. 289p.

BYRNE, David
Strange ritual
Chronicle Books, San Francisco, 1995. 130p.

CASALS, Jose
Natura viva
Stella, Lima, 1992. 80p.

COMOTI, Catherine
Les ponts de Paris
Lenglet, Paris, 1997. 56p.

DEBENHAM, Frank
El atlas de nuestro tiempo
Rand Mc Nally, EE.UU., 1964. 207p.

DESPRAT, Jean-Paul
Paris, fêtes et lumières
Image Magie, Milan, 1991. 224p.

DIEZ Polanco, Carlos
América apilada
Egraf S.A., España, 1996. 65p.

DONG, Wei
Arquitectura y diseño por computadora
Mc Graw-Hill, México D.F., 2000. 220p.

GONZALES Quijano, Alvaro
El sitio, el cielo, las afueras
Faya, Lima, 2001. 295p.

LOPEZ Mondajar, Mario
Martín Chambi 1920-1950
Lunwerg, Barcelona, 1990. 117p.

MARQUINA, Rafael
Monumentos coloniales y republicanos
Municipalidad de Lima, Lima, 1963. 354p.

NAVARRETE, Luis
Almanaque universal Navarrete
Navarrete, Lima, 2000. 688p.

TAURO Del Pino, Alberto
Enciclopedia ilustrada del Perú
Peisa, Lima, 2001. 3ra edición

TIBERI, Jean
Paris, ville capitale
A.G. Roto, Paris, 1997. 218p.

WILDUNG, Dietrich
Egypte de la préhistoire aux romains
ISBN, Milan, 1997. 240p.

ZERBST, Rainer
Antoni Gaudí
Kikuyo-sha, Tokyo, 1985. 239p.

Atlas del Perú
Instituto Geográfico Nacional, Lima, 1989. 399p.

Diccionario Santillana
El Comercio, Lima, 2000. 3224p.

Enciclopedia VOX
Spes, Barcelona, 1958. Tomos 2 y 3, 1260p.

Gran Atlas del Perú
El Comercio, Lima, 1996. 333p.

Gran Enciclopedia del Perú
Lexus, Barcelona, 1998. 2846p.

Inventario del Patrimonio Monumental Inmueble - Lima
F.A.U.A.-UNI, Lima, 1994. Tomos 4 y 5, 792p.

Printing of this book
finalized on
February 2006
In **BookMasters, Inc.**
Ashland - Ohio – U.S.A.

Este libro se terminó
de imprimir en
Febrero del 2006
En **BookMasters, Inc.**
Ashland - Ohio – EE. UU.